Le monde n'a plus de temps à perdre

Le Collegium international
Mireille Delmas-Marty, Michael W. Doyle, Stéphane Hessel, Bernard Miyet, Edgar Morin, René Passet, Michel Rocard, Peter Sloterdijk
Coordination éditoriale : Sacha Goldman

Le monde n'a plus de temps à perdre

Appel pour une gouvernance mondiale solidaire et responsable

LLL LES LIENS QUI LIBÈRENT

ISBN : 978-2-918597-68-1

Note éditoriale

« Et pour celui-là qui est solidaire des hommes, l'homme n'est point simple mot de son vocabulaire, l'homme est ce dont il est responsable. »

Antoine de Saint-Exupéry

Dérives financières, dérèglement climatique, dangers nucléaires, expansion de la pauvreté, dégradation de l'environnement… les menaces de notre siècle sont par excellence planétaires. Nul État ne peut prétendre répondre seul à ces défis. Pire, s'accrocher farouchement à l'illusion d'une souveraineté nationale, obstinée et absolue, revient à choisir l'impuissance et à mentir aux citoyens. L'avenir de ce monde, plus que jamais, dépend de l'avènement d'un ordre démocratique global encore incertain dans ses formes et ses modalités.

Comme souvent dans l'Histoire, le moment de la crise représente un *kairos* à saisir. Dans cette crise extrême et menaçante s'opère un rapprochement naturel et fécond entre autorités intellectuelles, scientifiques et politiques. Dans le cadre du Collegium international, ce rapprochement s'est même mué en collaboration intense et complice, sur un pied d'égalité ; un travail d'équipe en somme, entre amis, parfois de très longue date.

Le sujet en souffrance de la gouvernance mondiale s'est évidemment, brutalement, imposé au monde. Mais, otage d'un ordre mondial fondé sur la fiction westphalienne de la souveraineté étatique et sur le rapport de force de Yalta, ce sujet reste mal-traité. En outre, le cloisonnement du savoir empêche toute approche systémique. Or, de même que la souveraineté planétaire est plus que la somme des souverainetés nationales, la gouvernance mondiale est plus que la somme des défis mondiaux. À l'interdépendance des États correspond l'interdépendance des défis qui s'imposent à nous : les liens entre inégalités de développement, dérèglement climatique, sécheresses, pauvreté, flux migratoires, populismes, tensions sociales, conflits, terrorisme ne relèvent pas du fantasme apocalyptique mais de l'analyse rationnelle.

Ce qui fait office de gouvernance mondiale aujourd'hui est gravement insuffisant. Il s'agit d'un ordre régi par les puissants, pour les puissants – qu'ils soient des États dominants ou de grandes multinationales. La récente signature de l'Acta n'en est qu'une preuve supplémentaire. La gouvernance dont le monde a besoin est *solidaire* (étymologiquement : pour le tout, pour « das Global » de Peter Sloterdijk), *responsable* (du latin *responsus,* « qui subit les conséquences de ses actes, en répond ») donc, par excellence, *démocratique.*

Le premier pas vers cette gouvernance mondiale, c'est de la penser. À nos représentations du monde doivent correspondre désormais une volonté de gouvernance mondiale : le concept et la règle. Il y a urgence. Et, comme le dit Edgar Morin, s'il est urgent d'alerter, il est encore plus urgent de commencer. Dans cette perspective, le Collegium international et ses membres ont rédigé un Appel publié dans cet opus et remis au secrétaire général des Nations unies. Les textes qui suivent dans ce livre sont destinés à nourrir le débat et à poser les jalons d'une métamorphose vers une société-monde d'un type nouveau.

La première étape en est le diagnostic partagé, ce sont les premières réponses. C'est le devoir des décideurs politiques actuels de le poser. Leur tâche est d'inventer le monde de demain. Pour qu'il y en ait un.

Sacha Goldman

Exorde

Nous les humains sommes apparus et nous sommes développés sur la troisième planète du système solaire.

La terre qui nous héberge est dans l'état actuel des connaissances la seule planète connue à abriter des êtres humains et probablement la seule à abriter la vie.

Les conditions qui ont rendu la vie possible, et notamment la nôtre, sont nombreuses : une régulation équilibrée du climat grâce à l'effet de serre, de l'eau en grande quantité, tant salée que douce, et d'immenses ressources naturelles minérales, végétales et animales.

Ce patrimoine nous est commun.

Déjà la croissance de notre nombre nous met en demeure d'harmoniser notre art de valoriser les ressources avec celui-ci.

Puis le temps est venu où notre activité met en en péril les conditions nécessaires à la vie.

Nous nous sommes organisés depuis l'origine en groupes distincts selon la couleur de peau, la langue et la religion. Puis nos groupes, souvent en se regroupant entre eux, ont créé des nations. Chacune est propriétaire d'un territoire qu'elle gère à sa discrétion absolue. Notre organisation collective reconnaît la nécessité d'un pouvoir sur les humains pour établir parmi eux l'ordre et le droit. Elle ne reconnaît cependant un tel pouvoir qu'aux nations, avec la liberté pour chacune d'elles d'en décentraliser l'exercice, mais sans qu'aucun pouvoir ne s'impose à elles, pas même pour gérer notre habitat commun.

Or nous nous sommes donné un système d'organisation matérielle que très largement nous partageons tous. Il n'a ni commandement ni même régulation commune. De graves dérèglements récents appellent à combler ce manque.

De plus l'impétuosité de ce système nous a fait consommer certaines de nos ressources plus vite qu'elles ne peuvent se renouveler. Nos générations contemporaines sont de ce fait les premières à menacer la vie de celles qui nous suivront.

La même impétuosité produit des déchets et des pollutions qui dépassent nos possibilités de les détruire.

La même impétuosité toujours met en cause présentement la stabilité de notre climat, faisant ainsi peser une menace mortelle à terme pour notre espèce et pour la vie.

Pour toutes ces raisons il faut bien reconnaître notre interdépendance mutuelle.

Le nécessaire changement passe par la régulation commune de notre habitat, la planète terre, ses habitants, sa nature et son atmosphère.

Sous la condition que chaque nation et chaque peuple soient représentés, entendus et respectés, acceptons qu'une ou plusieurs autorités en charge de la régulation écologique de la planète, et de la circulation des ressources parmi les hommes, aient la possibilité d'arrêter des mesures contraignantes à ces fins.

Engageons-nous à œuvrer à la construction de telles institutions et renonçons à objecter, au nom de notre souveraineté, à toute mesure défendant l'intérêt général de l'humanité à l'encontre d'intérêts nationaux contraires, même s'ils sont légitimes.

Michel Rocard

Appel pour une Gouvernance mondiale solidaire et responsable

1. Une « polycrise »

Nous devons faire face à une conjonction de crises d'envergure mondiale qui est sans précédent dans l'Histoire : épuisement des ressources naturelles, destruction irréversible de la biodiversité, dérèglements du système financier mondial, déshumanisation du système économique international, famines et pénuries, pandémies virales, désagrégations politiques... Or aucun de ces phénomènes ne peut être considéré isolément. Ils sont tous fortement interconnectés et forment une seule « polycrise » menaçant ce monde d'une « polycatastrophe ». Il est temps de prendre la mesure systémique du problème, pour lui apporter enfin des solutions intégrées – premiers jalons pour redéfinir les principes qui devront inspirer à l'avenir la conduite globale des affaires humaines.

2. Reconnaître nos interdépendances

Parce que ces grandes crises du XXIe siècle sont planétaires, les hommes et les femmes du monde entier doivent reconnaître leurs interdépendances multiples (entre continents, nations, individus). Catastrophes survenues et catastrophes imminentes : dressée au carrefour des urgences, il est temps pour l'humanité de prendre conscience de sa communauté de destin. Point d'effet papillon ici, mais la réalité, grave et forte, que c'est notre maison commune à tous qui menace de s'effondrer – et qu'il ne peut y avoir de salut que de salut collectif.

Leçon de la mondialisation par excellence, nul de nos États ou aucune institution internationale n'est plus aujourd'hui en mesure de faire respecter un ordre mondial et d'imposer les indispensables régulations globales. La fin des tentations impériales, le glas de la seule domination occidentale et l'intervention croissante d'acteurs non-gouvernementaux marquent aujourd'hui les limites de la notion de souveraineté étatique et l'échec de son expression internationale : l'inter-gouvernementalisme.

Les intérêts nationaux ne peuvent être sauvegardés que par des mesures communes à tous, alors que trop souvent, les égoïsmes locaux transforment la scène internationale en forum de marchandages souvent sordides.

Que ce soit en matière de protection de l'environnement ou de lutte contre le réchauffement climatique, de stabilisation des échanges de matières premières et produits de base, de planification des ressources énergétiques, de réduction des déséquilibres économiques et commerciaux, de régulation et de contrôle des marchés financiers, comme des conséquences potentiellement déstabilisatrices des flux migratoires, de l'accroissement des inégalités ou des exclusions sociales, la sécurité collective se heurte à l'inévitable myopie des intérêts nationaux.

Dans ce jeu à somme nulle, chaque concession paraît toujours vécue comme une défaite. Même derrière la promotion de la multipolarité ne se dissimule trop souvent que l'équilibre précaire des aspirations nationales à la domination. Pour remédier à cet écueil, il convient d'élaborer des modèles d'organisation alternatifs à l'hégémonie, à la fois intégrés et pluralistes.

3. Repenser les principes juridiques internationaux

Pour instaurer une gouvernance mondiale digne de ce nom, c'est-à-dire qui trouve sa cohérence à l'échelle globale, il importe de transformer le droit international en droit commun de l'humanité en repensant les principes suivants :

- faire évoluer celui de la souveraineté vers la souveraineté partagée ;
- redéfinir celui de la compétence territoriale pour rendre possible une justice à vocation universelle ;
- renforcer celui de la sécurité internationale, dans le prolongement du « devoir de protéger les populations » invoqué par le Conseil de sécurité à propos des massacres en Libye, en élargissant la sphère de protection au-delà de la violence armée par la reconnaissance d'un devoir à l'égard des générations futures et de la biosphère.

Car une véritable gouvernance mondiale ne pourra se développer qu'à condition de surmonter l'obstacle des compromis dictés par les seuls marchandages entre intérêts particuliers, puis de bâtir des mécanismes de prise de décisions politiques planétaires – dans l'intérêt de l'humanité, comprise comme une communauté non plus internationale, c'est-à-dire interétatique, mais mondiale, c'est-à-dire interhumaine.

4. Affirmer un principe nouveau

Le premier pas vers cette communauté mondiale, la condition préliminaire pour le processus de métamorphose dans lequel naîtrait une société-monde d'un type nouveau dont l'unité, tout en formant une Terre-Patrie, entretiendrait la diversité des patries et des cultures est d'associer les divers acteurs, étatiques et non étatiques, individus et organisations, à la reconnaissance universelle d'un principe nouveau qui résulte de l'interdépendance, celui d'intersolidarité planétaire.

Inscrit dans le prolongement des grands textes internationaux (de la Déclaration universelle des droits de l'homme au statut de la Cour pénale internationale, en passant par les biens publics mondiaux), ce principe devra à la fois préserver la diversité dans un esprit de tolérance et de pluralisme, et résister au relativisme qui conduit à la déshumanisation. Loin d'opposer le principe-responsabilité au principe-espérance, le principe d'intersolidarité les réconcilie afin que la peur engendre la solidarité et que la responsabilité s'ouvre à l'espérance.

5. Prendre trois mesures d'urgence

À force d'oublier l'essentiel pour l'urgence, on oublie l'urgence de l'essentiel.

Pour éviter la répétition de crises économiques et financières de plus en plus graves et déstabilisatrices, l'intersolidarité doit se traduire d'urgence par la mise en œuvre de trois mesures demandées par la société civile et nombre de parlements, voire annoncées par plusieurs gouvernements, mais enterrées en pratique sous le poids des lobbies bancaires et financiers :

– l'éradication effective des paradis fiscaux ;
– la séparation des banques de dépôt et d'investissement spéculatif ;
– la taxation des transactions financières.

6. Relancer des négociations fondamentales

L'intersolidarité doit également conduire la communauté internationale à reprendre le fil des négociations relatives aux mesures de régulation et de contrôle d'une économie mondialisée tout en assurant un développement durable équilibré et une réduction des inégalités interétatiques comme intraétatiques. Cette ambition louable et légitime qui visait à mettre en place un nouvel ordre économique international plus juste et plus stable, condition essentielle d'une sécurité internationale, a hélas ! été sacrifiée à partir des années 1980 sous la pression de théories néolibérales dont on mesure l'ampleur des dégâts aujourd'hui.

Elle doit en outre s'exprimer au travers d'une relance des discussions et d'une prise de décisions rapide sur les problèmes à résoudre à brève échéance pour la survie de la planète :
- sauvegarde de la biosphère ;
- suppression des armes de destruction massive ;
- contrôle de l'énergie nucléaire.

7. Respecter quatre conditions permanentes

La mise en œuvre effective suppose :
- de réaffirmer l'ensemble des droits fondamentaux des individus présents, de les étendre aux générations futures et d'en renforcer l'application

dans les limites nécessaires, dans une société démocratique mondiale, au respect de l'ordre public national et supranational ;
– de reconnaître que la détention d'un pouvoir d'échelle globale, qu'il soit économique, scientifique, médiatique, religieux ou culturel, implique le corollaire d'une responsabilité globale, c'est-à-dire étendue aux effets de ce pouvoir ;
– d'inciter les États souverains à reconnaître la nécessité d'intégrer l'ordre public supranational à la défense des valeurs et des intérêts communs dont ils sont l'indispensable support ;
– de favoriser le développement des institutions représentatives des communautés internationales régionales, en même temps que de renforcer la communauté mondiale et l'émergence d'une citoyenneté globale afin d'élaborer une politique commune pour la régulation des flux ainsi que la prévention des risques et la répression des crimes.

Appel

Nous appelons donc à la création d'un creuset politique où puissent se définir concrètement les intérêts supérieurs de l'humanité, un lieu où puissent s'exprimer la diversité et la sagesse des cultures, à travers des représentants de la société civile et des autorités morales, intellectuelles et scientifiques.

Nous appelons les représentants des États à faire pression sur l'Assemblée générale de l'Onu, afin d'aboutir à l'adoption d'une « Déclaration universelle d'interdépendance » qui se donne comme objectif de faire respecter le devoir de protection des populations contre les risques, présents et à venir, et de responsabiliser les divers acteurs de la mondialisation.

Nous appelons, en somme, à retrouver l'esprit pionnier de la Charte des Nations unies qui proclamait « Nous les peuples. »

Les signataires :

Edgar Morin, philosophe français ; Michel Rocard, ancien Premier ministre français ; Mireille Delmas-Marty, professeur au Collège de France ; Richard von Weizsäcker, ancien président de l'Allemagne ; Milan Kučan, ancien président de la Slovénie ; Stéphane Hessel, ambassadeur de France ; Fernando Henrique Cardoso, ancien président du Brésil ; René Passet, économiste français ; Peter

Sloterdijk, philosophe allemand ; Bernard Miyet, diplomate français, ancien secrétaire adjoint de l'Onu ; Patrick Viveret, économiste et philosophe français ; Ahmedou Ould Abdallah, sous-secrétaire général des Nations unies, ancien ministre des Affaires étrangères de Mauritanie ; Ruth Dreifuss, ancienne présidente de la Confédération suisse ; William Vanden Heuvel, diplomate américain, co-président de l'Institut Eleanor et Franklin Roosevelt ; Michael W. Doyle, professeur de relations internationales, université de Columbia ; François Nordmann, diplomate suisse ; Ricardo Lagos, ancien président du Chili...

La gouvernance mondiale est-elle démocratisable ?

Mireille Delmas-Marty

Ce mot de « gouvernance », repris du vieux français, évoquait d'abord le pilotage d'un navire. Acclimaté au pouvoir féodal du Moyen Âge anglais, il s'était marginalisé en France à mesure que s'affirmait la science du bon gouvernement. Il nous revient depuis une vingtaine d'années, depuis que la chute du mur de Berlin a ouvert la voie d'une mondialisation non seulement économique et financière, mais aussi juridique, qui se développe au point de paraître menacer la souveraineté politique.

On emploie « gouvernance » comme façon de poser la question de l'organisation des pouvoirs, mais sans transposer le modèle de l'État-nation – car personne ne veut d'un véritable État mondial. En somme, c'est une façon de dire : Qui gouverne quand personne ne gouverne ? Ou comment gouverner sans gouvernement ?

Sur cette question apparemment insoluble, se greffe une seconde question encore plus délicate : la gouvernance mondiale est-elle démocratisable, alors que le sentiment dominant est que la mondialisation conduit à la désagrégation de tout ce qui rendait possible la démocratie ?

La désagrégation touche d'abord les États : sans être voués à disparaître, ils sont soumis à des interdépendances qui minent l'autorité et la souveraineté nationales. En Europe, la majorité des décisions qui ont des répercussions sur notre quotidien sont prises au niveau de l'Union européenne, à tel point que, dans les sociétés étiquetées « nationales », il ne reste plus la moindre parcelle où l'Europe n'intervienne pas. Or l'Europe dépend largement des choix mondiaux.

La désagrégation affecte aussi l'idée de société, définie comme « un ensemble interdépendant d'institutions qui ont pour fonction de maintenir la cohésion ». Sans société, toute démocratie semble impossible. Mais comment parvenir à maintenir la cohésion sociale malgré la séparation entre une économie régionalisée et mondialisée, et des institutions restées nationales. La faiblesse de ces institutions est telle, écrivait Alain Touraine, que la rupture avec l'idée de système social « doit être clairement reconnue et acceptée et qu'il faut en tirer les conséquences[1] ».

Enfin, la désagrégation est au cœur de l'ordre juridique mondial. Sans paraître s'en inquiéter, l'internationaliste américaine Anne-Marie Slaughter décrit l'ordre mondial comme un ordre désagrégé (« *disaggregated legal order* »), fait d'une combinaison de réseaux (horizontaux et verticaux), de régulateurs, de juges et de législateurs. Mais elle n'explique pas comment éviter le risque de favoriser ainsi les asymétries du pouvoir, qu'il s'agisse du pouvoir politique, économique, financier, scientifique, voire médiatique[2].

Le rééquilibrage supposerait une gouvernance mondiale « démocratique » en ce sens qu'elle serait l'expression non seulement des peuples, mais des citoyens de la planète. Mais comment procéder, alors que, à peine esquissée, l'organisation mondiale des pouvoirs est déjà contestée (tant par les mouvements altermondialistes que par les souverainistes, ou même, de manière plus surprenante, par une partie de l'école libérale américaine qui

1. Alain Touraine, « Sociologie sans société », *in* Michel Wieviorka (dir.), *Les Sciences sociales en mutation*, Éd. Sciences Humaines, 2007.

2. Anne-Marie Slaughter, *A New World Order*, Princeton Univ. Press, 2004, p. 227 sq.

juge insuffisantes les régulations en place) ? Comment procéder face aux crises à répétition qui se succèdent depuis une dizaine d'années ?

Étant donné la violence des conflits et l'intensité des blocages, l'ambition d'une démocratisation de la gouvernance mondiale peut sembler démesurée, ou même utopique. Mais Jean Baechler nous avait prévenus, et d'une certaine façon encouragés, à la fin de sa communication sur *Les Origines de la démocratie*[1] : « Une fois en place, la démocratie, même la mieux instituée, organisée et gérée par des politiciens et des citoyens vertueux, marche normalement mal [...]. »

Nous voici rassurés : la gouvernance mondiale a toutes ses chances car elle marche en effet très mal. Il reste à savoir s'il existe à l'échelle mondiale l'équivalent de ces mouvements « chaotiques et à peu près opaques aux acteurs et aux contemporains [qui] ont peu à peu fait émerger, de façon tâtonnante au début et de plus en plus assurée à la fin, les démocraties européennes et occidentales d'aujourd'hui[2] ». Si la démocratie mondiale reste une utopie peu réaliste, beaucoup d'États

1. Séance du 11 janvier 2010 à l'Académie des sciences morales et politiques.

2. *Ibid.*

n'étant pas eux-mêmes démocratiques, il est en revanche possible d'explorer le chaos actuel pour tenter de détecter d'éventuels processus de démocratisation. C'est donc en partant des *crises comme révélateur* de ces tâtonnements prédémocratiques que l'on tentera de repérer deux processus (*coordination des acteurs* et *subordination à des valeurs communes*) qui pourraient favoriser la démocratisation de la gouvernance mondiale.

1. Les crises comme révélateur

On peut distinguer deux types de crises : les unes appellent une nouvelle répartition des rôles entre les acteurs de la mondialisation, tandis que d'autres montrent la nécessité de reconnaître des valeurs communes face aux interdépendances liées aux crimes globalisés (terrorisme, etc.) comme aux risques globaux (sanitaires, nucléaires, écologiques, économiques, financiers, etc.).

En ce qui concerne les acteurs, les débats autour du traité constitutionnel européen, de la réforme de l'Organisation mondiale du commerce (OMC) ou de celle de l'Onu, ont d'abord révélé une absence de modèle théorique pour se représenter les pratiques liées à l'organisation des pouvoirs. La crise de l'Onu a montré que l'ancien modèle – celui de l'État-nation qui réserve le pouvoir politique aux États et construit le droit international sur les relations interétatiques – ne fonctionne *plus* ; mais les deux autres exemples ont aussi démontré qu'un modèle alternatif – alternational, voire supranational – n'existe *pas* encore ; il n'existe ni dans une région pourtant fortement intégrée depuis une cinquantaine d'années comme l'Europe, ni dans un domaine pourtant assez largement consensuel comme celui du commerce mondial.

Entre ce qui n'est *plus* et ce qui n'est *pas encore*, le chemin reste à baliser, mais il est déjà éclairé, car les crises ont révélé trois difficultés à résoudre : la désarticulation des pouvoirs au sein des institutions nationales ; leur fragmentation au sein des institutions supranationales ; la montée en puissance des acteurs non-institués qui participent déjà à la gouvernance mondiale. On ne reviendra pas sur les deux premières déjà bien connues. En revanche, il faut insister sur la difficulté liée aux acteurs non-institués.

Au premier rang, se trouvent les acteurs économiques privés. Si l'organisation interne à l'entreprise échappe à la démocratie (celle des travailleurs comme celle des actionnaires), en revanche les entreprises participent à la démocratisation de la gouvernance mondiale : le droit des investissements avait ouvert la voie avec l'invention des accords de développement économique ou « contrats d'État » qui seront régis par le droit international public, alors qu'il ne s'agit pas de relations entre États, mais entre un État et une personne privée. Le droit du commerce contribue également à ce brouillage, à mesure que l'on découvre à quel point les litiges de droit international public traités à l'OMC, et considérés comme interétatiques, concernent en réalité de fort près les intérêts économiques privés ; tandis qu'à l'inverse, on commence à observer la politisation des conflits privés nés de l'interconnexion des marchés.

L'apparition des acteurs économiques ne peut être dissociée de celle des acteurs civiques. Non seulement ils peuvent intervenir auprès des juridictions internationales à divers titres, et notamment comme amis de la cour (*amicus curiae*), mais leur influence sur les pouvoirs exécutifs et législatifs a également été démontrée, qu'il s'agisse du commerce ou des droits de l'homme.

Certaines ONG, nouvelles puissances coordonnant de multiples antennes dans les différentes parties du monde, sont devenues de véritables « multinationales de la solidarité ». Se voulant porte-parole de la contestation et dénonciateurs des effets pervers de la mondialisation, elles deviennent les interlocuteurs des pouvoirs publics, comme réservoirs d'idées. Mais elles ont aussi leur propre pouvoir d'action, grâce à des budgets parfois considérables. À défaut de toute démocratie représentative formelle, on peut y voir l'ébauche d'une démocratie participative, à condition d'être attentifs aux risques de clientélisme et d'instrumentalisation. Sous cette réserve, les ONG pourraient occuper, dans l'espace public mondial en gestation, aux côtés des organisations professionnelles et des syndicats dont le rôle est de longue date inscrit dans l'organigramme même de l'Organisation internationale du travail (OIT), la place laissée vacante par l'absence de toute assemblée parlementaire mondiale.

Enfin, il ne faut pas sous-estimer l'importance des détenteurs du savoir, les scientifiques au sens large du terme, acteurs eux aussi dans le jeu complexe des stratégies de pouvoir. Dans le débat sur la santé ou sur l'environnement (à l'OMC ou au sein de l'Union européenne), le rôle des experts scientifiques est souvent déterminant, même si la part politique de l'expertise reste le plus souvent cachée derrière la technicité de leur travail. La question de l'intégration des sciences et des techniques à la gouvernance est soulevée non seulement par le rôle croissant d'Internet, mais aussi par l'apparition d'une série de nouveaux organes. Prenons un exemple connu : la création en 1988 du Groupe intergouvernemental d'experts sur l'évolution du climat (GIEC), placé sous les auspices de deux organisations dépendant de l'Onu, le Programme des Nations unies pour l'environnement et l'Organisation météorologique mondiale. Le GIEC a sans doute joué rôle déterminant dans l'élaboration du protocole de Kyoto. Même si l'après-Kyoto semble problématique au lendemain des sommets de Copenhague et Cancùn, le travail des experts constitue un excellent stimulant. La mondialisation des savoirs scientifiques, confrontée à des pouvoirs politiques qui restent de type intergouvernemental, doit être prise en compte dans notre réflexion sur la démocratisation de la gouvernance mondiale

On voit que pour sortir des crises, il ne suffira pas d'instituer – ou de réinstituer – des pouvoirs publics en tentant d'adapter, par simple transposition d'un espace à l'autre, la distinction entre l'exécutif, le législatif et le judiciaire. Sans doute faut-il dépasser l'opposition public/privé pour mettre en scène les divers acteurs.

L'une des raisons des crises à répétition vient peut-être de cette obstination, particulièrement visible dans le débat sur le traité constitutionnel européen ou sur la réforme de l'Onu, à travailler sur les institutions et à se quereller sur la répartition des pouvoirs, au sens le plus restrictif du terme, alors que la crise est sans doute plus profonde, atteignant les zones obscures des « vouloirs » qui renvoient aux nouveaux acteurs de la mondialisation. Or, ces derniers sont porteurs d'intérêts, si ce n'est antagoniques, en tout cas différents : l'intérêt collectif de l'entreprise ou de l'organisation professionnelle ne se confond pas forcément avec l'intérêt général, autrement dit, à l'échelle mondiale, l'intérêt commun, au sens le plus large du terme visant ainsi des valeurs communes, qu'on les nomme droits de l'homme ou « biens publics mondiaux », et englobant, par exemple, la santé de l'humanité ou la qualité de son environnement.

En termes de valeurs, les crises révèlent l'incohérence d'une gouvernance au sein de laquelle les divers intérêts ne sont pas défendus au même niveau : dès à présent, les acteurs économiques et financiers défendent leurs intérêts collectifs dans l'espace mondial, alors que les intérêts communs relèvent pour l'essentiel de pouvoirs exercés dans l'espace national, la notion d'intérêt général restant d'abord réservée à l'État.

Qu'on l'analyse comme un état de droit sans État, ou une gouvernance sans gouvernement, dans les deux cas, la mondialisation sans gouvernail ni boussole conduit à des incohérences qui en réduisent l'efficacité. En voici deux exemples.

– *Les migrations.* Les causes structurelles contredisent ouvertement le modèle souverainiste qui fonde les contrôles car, à mesure que la globalisation économique et financière se développe, la terre, les matières premières et le travail deviennent des marchandises. Dès lors que la substitution de l'agriculture marchande à l'agriculture de subsistance détruit les relations économiques et sociales, ou que la production de récoltes à haut rendement et à bas prix évince les producteurs locaux des marchés, les flux migratoires se renforcent inévitablement. Au mépris des formes traditionnelles d'organisation économique et sociale basées sur des systèmes de réciprocité et des rôles fixés au préalable, on crée des marchés du travail basés sur le gain privé et le changement social.

Depuis la mondialisation accélérée des échanges économiques et financiers, les contraintes du marché, qui pénètrent l'ensemble des pays de la planète sous l'impact des politiques « d'ajustement structurel », détruisent les protections traditionnelles. Dans un tel contexte, les efforts pour inverser la tendance à la mobilité internationale croissante des hommes sont voués à l'échec et le durcissement juridique du contrôle des migrations semble une tentative dérisoire qui aboutit à déshumaniser des vies humaines sans réussir à stabiliser la planète.

– *Les exclusions sociales contribuent ainsi au « paradoxe de la prospérité ».* Cette expression empruntée à Bertrand Collomb dans son récent plaidoyer pour l'entreprise[1] retranscrit « le paradoxe de la prospérité » à savoir, accroître les écarts (que ce soit aux États-Unis, en France ou dans beaucoup de pays émergents) : ainsi, en France entre 2004 et 2007, les revenus ont explosé mais seulement pour les 1 % des plus riches [40 % de progression contre 10 % pour la moyenne : pendant la même période, la proportion de personnes vivant sous le seuil de pauvreté (900 euros mensuels par personne) n'a pas significativement varié].

Comment expliquer ce paradoxe ?

Si la mondialisation aggrave les exclusions, ce n'est pas tant qu'elle les fabrique en détruisant des emplois et en aggravant la pauvreté ; au contraire, elle arrache de nombreux pays au sous-développement et assure le recul de la pauvreté absolue. Il ne faut donc pas assimiler la mondialisation à l'exclusion sociale.

1. Bertrand Collomb et Michel Drancourt, *Plaidoyer pour l'entreprise*, Bourin Éditeur, 2010.

Alors, pourquoi la prospérité mondiale accroît-elle les inégalités ?

La réponse est en partie juridique car la mondialisation uniformise les systèmes juridiques comptables et managériaux, et cette mondialisation partielle a pour effet de dissocier les fonctions traditionnelles du marché (circulation d'un côté, redistribution de l'autre) et donc de faire une distinction entre libertés économiques et droits sociaux. Les libertés d'établissement et de circulation des marchandises, des services et des capitaux sont juridiquement imposées aux États par les institutions économiques et financières sous le contrôle juridictionnel (CJUE), ou quasi juridictionnel (Organe appel de l'OMC) exercé au niveau supranational ; en revanche, les mécanismes de redistribution relèvent en priorité du droit national.

En effet, le niveau mondial reste fragmenté et chaque secteur du droit international se développe à son propre rythme : le marché s'est mondialisé plus vite que les droits sociaux, proclamés au niveau mondial mais appliqués au niveau national. Or, la marge de rééquilibrage des États est réduite par la mise en concurrence des systèmes de droit, appelés à réduire les garanties sociales pour attirer les investisseurs, au risque de faire entrer les spéculateurs.

En somme, les crises, démontrant que la démocratisation impliquerait une gouvernance complexe, à la fois horizontale et verticale, interactive et évolutive, suggèrent deux processus de démocratisation.

L'un serait la recherche d'une nouvelle coordination des rôles entre les différents acteurs de la mondialisation, qu'il s'agisse des acteurs publics, étatiques, interétatiques, ou supraétatiques, titulaires des pouvoirs législatifs, judiciaires et exécutifs, mais aussi des membres de la société dite « civile », composée des acteurs, économiques et civiques, qui expriment des vouloirs déjà mondialisés, et des acteurs scientifiques, titulaires d'un savoir déjà mondial. À la trilogie des pouvoirs (législatif, judiciaire et exécutif), il faudrait ajouter une trilogie des fonctions (pouvoir, vouloir, savoir).

Mais pour démocratiser la gouvernance, il faudra aussi la subordonner à des valeurs communes opposables, à différents niveaux, aux différents acteurs de gouvernance. Autrement dit, il faudrait résoudre l'énigme d'une communauté qui se construit sans principes fondateurs car l'universalisme des droits de l'homme, affirmé par les instruments comme la Déclaration universelle des droits de l'homme ou les pactes internationaux des Nations unies, reste à construire comme un processus évolutif d'humanisation réciproque de la gouvernance mondiale. On commencera par les acteurs.

2. Coordonner les acteurs de la gouvernance

Entre acteurs institués (étatiques, interétatiques et supraétatiques), les relations sont déjà structurées par les divers statuts des organisations internationales. Ces relations sont d'autant plus importantes que le besoin d'État n'a pas disparu, même si les compétences sont partiellement transférées au plan régional et mondial.

Il en résulte un certain désordre entre les trois pouvoirs. D'un côté, les juges deviennent pilotes de la mondialisation, avec les moyens du bord, sans nouvelle réforme institutionnelle. Les techniques d'interprétation, horizontales et verticales, offrent en effet de nombreuses possibilités aux juridictions nationales de s'émanciper du droit interne, tandis que s'affirme simultanément la place de nouvelles juridictions inter ou supranationales. Le problème réside dans l'impuissance de cette justice mondialisée. À défaut d'un véritable pouvoir exécutif mondial, et en raison de la composition à la fois peu démocratique et peu réaliste du Conseil de sécurité, l'exécutif reste aux mains des États. Quant au pouvoir législatif, la majeure partie des textes est négociée par les gouvernements en charge des intérêts nationaux.

Afin d'éviter les confusions entre un exécutif resté pour l'essentiel national et un législatif émergent en Europe et inexistant à l'échelle mondiale, le principe de coopération, combiné avec celui de subsidiarité, est primordial. L'un et l'autre devraient être explicités et contrôlés dans leur application, comme ils commencent à l'être dans le cadre de la construction européenne ou dans un proche avenir, à l'échelle mondiale, par la Cour pénale internationale (CPI). En matière pénale, la Cour peut en effet invoquer son statut pour exiger la coopération des États mais elle devra aussi légitimer sa compétence en démontrant que l'État normalement compétent ne peut ou ne veut juger lui-même l'affaire.

Même améliorée, la coordination entre acteurs institués ne suffira pas. En pratique, ce sont bien souvent les acteurs non-institués, ceux qui sont porteurs des savoirs et des vouloirs, qui mettent la société en mouvement et pourraient être les véritables inventeurs de la démocratisation mondiale.

Entre acteurs institués et non-institués (étatiques, interétatiques et non étatiques), les relations sont le plus souvent informelles, car aucun cadre général ne définit le statut des ONG, malgré son extrême diversité, ni celui de l'entreprise, dont la place dans l'élaboration des normes doit être reconnue et prise en compte, même si des dispositifs comme le Pacte Mondial privilégient le droit mou sur le droit dur.

Qu'il s'agisse des entreprises multinationales, des conférences de citoyens sur les OGM ou du rôle des ONG dans l'élaboration de plusieurs conventions majeures (convention CPI ou convention sur l'interdiction des mines antipersonnel), l'évolution actuelle invite à préciser les conditions et les limites de leur participation à l'exercice du pouvoir législatif ou parfois judiciaire (citons les différents types d'intervention des entreprises et des ONG auprès des tribunaux : partie principale, *amicus curiae*, action collective, etc.), donc de préciser la relation pouvoir/vouloir.

Dans ce domaine, le problème majeur à résoudre est celui de la légitimité, dès lors que ces acteurs représentent des intérêts privés, dont rien ne prouve qu'ils s'identifient à l'intérêt général, le principal risque tient aux conflits d'intérêts. Particulièrement visible quand il s'agit des acteurs économiques, ce risque apparaît aussi, comme nous l'avons vu, à propos des acteurs civiques, comme les ONG, ou scientifiques, comme les experts.

Même le simple citoyen qui participe aux conférences de citoyen, ou devient citoyen – reporter sur Internet, peut être pris dans un tel conflit. D'où l'importance des principes de transparence et de pluralisme.

De tels principes sont essentiels dans la relation pouvoir/savoir, bouleversée par les nouvelles technologies de l'information, d'emblée mondiales, et par la mondialisation de l'expertise. Si la numérisation appelle une réflexion politique, et pas seulement technique, sur les critères de la « gouvernance Internet », il en va de même du statut des experts si l'on considère que le savoir doit inspirer les décisions, mais ne pas les produire lui-même. Il est donc nécessaire de mondialiser ce statut, autour de principes comme la liberté de recherche, la compétence, attestée par des critères d'évaluation qu'il faudrait harmoniser, mais aussi l'indépendance par rapport aux intérêts en jeu, non seulement vis-à-vis des milieux professionnels, mais aussi des pouvoirs publics et l'impartialité, qui implique la systématisation des déclarations d'intérêts. Une future expertise mondiale de gouvernance suppose la qualité des preuves et de la procédure d'évaluation : transparence, contradiction et protection du lanceur de controverses, pluralisme pour intégrer les spécificités géographiques, économiques et culturelles, délai raisonnable, les juristes auront reconnu dans les qualités du chercheur le portrait du bon juge.

Cela dit, même encadrée par des principes comme la coopération et la subsidiarité pour les acteurs étatiques et interétatiques – ou transparence et pluralisme pour les acteurs non étatiques –, une telle coordination ne suffit pas. En renforçant la légitimité et parfois l'efficacité, elle peut contribuer à une organisation plus démocratique de la gouvernance mondiale, mais elle ne garantit pas la cohérence éthique. Il reste à subordonner la gouvernance, dans ses divers secteurs, à des valeurs communes.

3. Subordonner la gouvernance aux valeurs communes

La question a été timidement soulevée à propos de la réforme de l'Onu[1], mais celle-ci se limite pour l'essentiel à la transformation de l'ancienne Commission des droits de l'homme en un conseil qui devient permanent, dont l'accès est un peu plus restreint et dont l'implantation à Genève devait

1. Voir Emmanuel Decaux (dir.), *Les Nations unies et les droits de l'homme : enjeux et défis d'une réforme*, Pedone, 2006.

faciliter les synergies avec le Haut-Commissariat aux droits de l'homme. En revanche, au croisement du travail législatif et juridictionnel, la mise en œuvre pratique des droits de l'homme permet de saisir la façon dont ces droits proclamés universels peuvent plus modestement s'universaliser par un processus évolutif d'humanisation réciproque de la gouvernance mondiale. Les valeurs communes restent à dégager des tâtonnements actuels selon deux principes : un principe de cohérence qui conditionne la légitimité de ces droits dits « fondamentaux » et, pour assurer leur effectivité, un principe de responsabilité. C'est en combinant ces deux principes que l'on parviendra à garantir le nouveau principe proposé ci-dessus de «l'inter solidarité planétaire[1] ».

Le principe de cohérence permettrait de résoudre les conflits soulevés par le cloisonnement actuel entre les différents secteurs de la mondialisation. Il serait logique que cette cohérence soit assurée par référence à la DUDH, explicitée par les deux pactes de l'Onu, mais certains États ont ratifié les pactes de façon sélective et la plupart ont formulé des réserves qui limitent la portée de leur engagement. Or, non seulement ces premiers obstacles

1. Séance du 7 juillet 2008 à l'Académie des sciences morales et politiques.

n'ont pas été surmontés, mais le mot d'ordre de « guerre contre le terrorisme » s'accompagne de résistances nouvelles, y compris dans les pays occidentaux, qui ne favorisent évidemment pas le ralliement des autres pays.

Malgré la défiance persistante à l'égard de ce qui est perçu comme un instrument d'hégémonie occidentale, au sein de la jurisprudence de la Cour internationale de justice (CIJ), la référence aux droits des peuples et aux droits de l'homme, émanant des parties aux procès elles-mêmes, est de plus en plus fréquente, notamment dans les affaires concernant la peine de mort au cours desquelles la CIJ s'est progressivement enhardie.

On observe aussi des améliorations, réalisées ou en cours de réalisation, du fonctionnement des organes de surveillance des traités onusiens relatifs aux droits de l'homme (diffusion d'un modèle d'examen des communications individuelles, rationalisation de la procédure d'examen des rapports étatiques), et l'importance croissante des organes dits « subsidiaires » (experts indépendants, rapporteurs thématiques et rapporteurs spéciaux désignés par pays).

Cela dit, malgré des tâtonnements, la véritable démocratisation se heurte au cloisonnement et à la fragmentation qui restent à résoudre pour l'ensemble des institutions internationales, qu'il s'agisse des institutions financières qui ne s'estiment pas tenues par les pactes onusiens, de l'OMC qui n'intègre pas les principes de l'OIT, ou des juridictions pénales internationales qui citent les textes et parfois la jurisprudence, mais refusent de se considérer comme liées par les instruments de protection des droits de l'homme. En attendant la consécration d'une véritable hiérarchie des normes, qui supposerait l'indivisibilité de l'ensemble des droits de l'homme, contrôlée par une cour mondiale, la recherche de cohérence pourrait emprunter d'autres voies : soit celle des biens publics mondiaux, conçus par les économistes et qui apparaissent aujourd'hui comme des valeurs globales en formation ; soit celle du *jus cogens* qui consiste, en droit international, à considérer certaines dispositions comme impératives, le risque étant de favoriser une utilisation sélective des droits de l'homme. Si les juges européens s'y réfèrent parfois, la CIJ reste très prudente.

Quant au principe de responsabilité, il fait partie de la démocratie comme l'a montré Jean Cluzel, et inciterait à reconnaître que « la détention d'un pouvoir d'échelle globale, qu'il soit politique, économique, scientifique, médiatique, religieux ou culturel, implique le corollaire d'une responsabilité globale, c'est-à-dire étendue aux effets de ce pouvoir » (cf. Déclaration d'interdépendance,

2005, *Collegium international,* composé d'anciens responsables politiques et de chercheurs, économistes, philosophes et juristes). La simplicité apparente d'une telle proposition ne doit pas faire illusion. Il s'agit de l'une des questions les plus délicates dans la démocratisation de la gouvernance mondiale, car éclatée entre diverses branches du droit.

S'agissant de la responsabilité des États, la communauté internationale tente depuis plusieurs années de dégager les règles qui permettraient de la codifier, sans y parvenir. Le dernier projet, adopté par une résolution de l'Assemblée générale des Nations unies le 12 décembre 2001, retient les « violations graves d'obligations découlant des normes impératives du droit international général ». S'il laisse en partie irrésolue la question des contre-mesures, il consacre l'existence d'un régime de responsabilité envers la communauté internationale dans son ensemble. Cet élargissement, incluant une responsabilité pour atteinte aux intérêts de l'ordre public international, explique sans doute la résistance des États qui préfèrent s'en tenir au cadre strictement bilatéral déjà admis, opposant un État auteur à un État victime. Ceci prouve l'importance des traités dits « sectoriels », l'expression incluant les droits de l'homme, car ils permettent de tester l'effectivité des mécanismes de responsabilité spécifiques, nationaux et supranationaux.

Mais la responsabilité mondiale ne saurait se limiter aux seuls États. Vu le rôle croissant des acteurs non-étatiques, elle relève aussi d'un autre type de responsabilité universelle, celle des entreprises devant certains juges nationaux. Actuellement limitée pour l'essentiel à la compétence quasi universelle des tribunaux américains, décidée par le législateur américain en matière civile (ACTA[1]), puis pénale (SOX[2]), et validée en 2004 par la Cour suprême des États-Unis, elle appellerait une harmonisation autour de principes communs.

Une harmonisation qu'il faudra sans doute étendre de la responsabilité pour faute vers une responsabilité pour les risques majeurs : cette troisième branche de la responsabilité universelle, imaginée par une avant-garde de la doctrine civiliste française, pourrait en effet fonder une « action en prévention », en vue de protéger les intérêts essentiels de l'humanité face aux risques majeurs (écologiques, sanitaires, etc.). Limitée aux acteurs disposant d'un pouvoir suffisant pour engendrer

1. Alien Tort Claims Act.

2. Loi Saubanes-Oxley, loi fédérale sur la réforme de la comptabilité des sociétés cotées et la protection des investisseurs.

de tels risques, elle aurait pour finalité de mettre à la charge du responsable des mesures conservatoires, voire la recherche de solutions alternatives.

Encore faut-il réussir à identifier le décideur, malgré l'organisation des entreprises en groupes ou en réseaux extrêmement instables. Au nom d'une « recomposition permanente du tissu productif », la conception institutionnelle a cédé face à la conception financière, et l'entreprise est elle-même l'un des biens en circulation sur les marchés financiers. Le pouvoir s'est déplacé des mandataires sociaux vers les actionnaires, parmi lesquels « rien ne distingue l'investisseur du spéculateur » et le spéculateur est peu concerné par le bien commun de l'humanité.

Il est clair que le développement d'une respon sabilité universelle, qu'il s'agisse des États ou d'autres acteurs, supposerait un accord sur des valeurs au moins universalisables dont nous sommes encore loin.

Qu'il s'agisse de cohérence ou de responsabilité, la question des valeurs est donc la clé d'une gouvernance mondiale démocratique. Mais le droit ne crée pas les valeurs. Il peut seulement contribuer à la démocratisation en accompagnant l'émergence de valeurs communes, à condition de suivre une démarche pragmatique plus que dogmatique et d'éviter un fondamentalisme des droits de l'homme qui fait obstacle à leur mise en œuvre.

Cela ne signifie pas qu'il faille se résigner à un relativisme désenchanté. Relisons l'appel lancé par Paul Valadier dans son *Anarchie des valeurs*. À la question « Le recours à la valeur serait-il le talisman que l'on brandit hors contexte et hors histoire ? », l'auteur donne une réponse à la fois modeste et pragmatique : « Le recours à la valeur [...] est un élément essentiel pour rassembler dans une unité (provisoire) de sens la diversité des données constitutives de l'action humaine[1] ». Il invite à porter le poids du réel afin de découvrir dans cette épreuve jamais achevée non pas le chemin mais les chemins de la sagesse, des chemins sur lesquels il faut affronter de plein fouet « le désaveu de l'idéal par le réel phénoménal ». Pour y parvenir, il suggère une méthode qu'il nomme « praxéologie », une pratique qui ne renonce pas à l'éthique et pourrait mener vers un universel concret et pluriel qu'il associe au bien commun, but ultime de la démocratie.

On ne saurait trouver ce bien commun dans la seule recherche des voies et moyens politiques,

1. Paul Valadier, *L'Anarchie des valeurs*, Albin Michel, 1997, p. 157.

juridiques et économiques. Car la démocratisation a aussi une dimension culturelle, voire religieuse, ou en tout cas spirituelle : autrement dit, elle a partie liée avec l'humanisation sans laquelle la gouvernance mondiale se limiterait à la survie de l'espèce dans un monde uniformisé et privé de toute spiritualité.

Impératif catégorique et impératif absolu

Peter Sloterdijk

La politique et la philosophie, aujourd'hui comme à l'époque des fondations grecques, ont un trait commun puissant : toutes deux, chacune à sa manière, sont des arts qui impliquent de se soucier du monde en tant que Tout. Cela vaut plus que jamais dans la situation actuelle de notre planète. Nous avons, et tout particulièrement en ce moment, des motifs tout à fait sérieux de comparer cette situation avec celle d'après 1945. Revenant sur les catastrophes qu'ils avaient traversées, certains des plus grands esprits de ces années-là ont parlé d'une ère de la peur, semblable à celle que le poète américano-britannique W. H. Auden avait évoquée dans son grand poème *Age of Anxiety.* Mais ils ont aussi parlé d'une ère des reconstructions – lesquelles étaient devenues indispensables après les ravages des guerres mondiales. Par analogie avec ces grands diagnostics qui eurent d'importantes conséquences, on peut établir un double constat sur notre époque. Elle est également, à sa manière, une ère de l'angoisse – une ère du souci global, mais aussi une ère de la désorientation. On peut toutefois voir tout autant en elle une ère des provocations constructives et des volte-face les plus audacieuses contre l'ordre habituel des choses.

En ce qui concerne l'aspect philosophique de l'art qui consiste à se soucier du monde dans son ensemble, ou mieux, à se laisser soi-même contaminer par les grands soucis du monde, il ne peut, dans un premier temps, avoir d'autre visée que de dépasser le climat de démoralisation qui s'est installé dans l'existence d'innombrables contemporains – une démoralisation dont les sources résident dans l'angoissant gigantisme des défis actuels, dans l'inquiétante disproportion entre les fins et les moyens de la politique, et dans l'inconséquence et l'incohérence accablantes du discours et de l'action des classes en charge de responsabilités. S'il faut œuvrer contre la démoralisation, la réflexion philosophique ne peut le faire qu'en formulant une ligne d'action qui fournisse une orientation suffisamment forte en dépit de toutes les confusions pragmatiques.

Qu'on me permette de rappeler ici qu'Emmanuel Kant, vers la fin du XVIIIe siècle, croyait avoir trouvé un principe purement directif de ce type – il l'a exprimé dans son fameux impératif catégorique, que l'une de ses formulations résume en ces termes : « Agis de telle sorte que la maxime de ton action puisse toujours valoir en même temps comme loi universelle ». En exposant ce principe, Kant voulait réconcilier l'égoïsme des intérêts privés et les exigences du bien commun, et rendre par là même possible la coexistence de toutes les créatures rationnelles dans le cadre juridique de la société bourgeoise.

Un demi-siècle plus tard, impressionné par la profonde misère de la classe ouvrière en Europe, Karl Marx modernisait l'impératif catégorique libéral pour en faire une thèse révolutionnaire : le devoir absolu de tout homme est d'éliminer les situations dans lesquelles il serait une créature pauvre, misérable, méprisable, abandonnée. On est en droit d'interpréter les synergies antagonistes du libéralisme et du socialisme au XIXe et au XXe siècles comme l'expression d'un effort commun visant à mettre en œuvre ce puissant impératif.

Une bonne centaine d'années plus tard, on s'interrogea de nouveau sur la bonne formulation du principe éthique central : c'est le philosophe Hans Jonas qui, dans les années 1970, voyant monter la crise écologique, a mis l'impératif catégorique au goût du jour en l'orientant vers l'avenir et vers la politique à l'égard de la nature : « Agis constamment de telle sorte que les conséquences de ton action demeurent compatibles avec la permanence d'une vie authentiquement humaine sur cette terre[1]. »

Je me contenterai ici de constater que cette série de rédactions de l'impératif catégorique fait apparaître une dramatisation croissante. Kant et Marx sont encore l'un comme l'autre des enfants de la foi européenne en l'Histoire : ils sont pénétrés par la conviction que l'Homme, créature historique, doit réaliser ce qui est moralement nécessaire dans le temps qui lui est imparti – contre toutes les résistances qui visent à retarder ce qui est moralement et politiquement juste. Dans un monde selon Kant ou selon Marx, on peut par principe toujours savoir avec assez de précision ce qu'il faut faire – et l'on peut, par ailleurs, attendre que les conditions soient mûres pour le faire. Pendant ce temps-là, on jouit de la certitude que ce qui est juste n'est que temporairement ajourné, mais ne peut jamais devenir inactuel.

Pour le progressisme classique il est évident qu'il faut donner du temps au temps. Il en va

1. Hans Jonas, *Le principe responsabilité. Une éthique pour la civilisation technologique* (trad. J. Greisch), Paris, « Passages », Le Cerf, 1990.

tout autrement dans le cas du nouvel impératif rédigé par Hans Jonas. Dans le monde du souci écologique, il existe en effet des délais qui peuvent être fixés par des processus physiques externes – et contrairement à ce qui se passe pour l'histoire humaine, où l'on est toujours en droit d'attendre une deuxième ou une troisième chance censée rattraper ce qui n'a pas été fait jusque-là, c'est ici la loi de l'irréversibilité qui s'applique.

Permettez-moi de rappeler un document rédigé tout récemment et qui exprime l'idée, conforme au nouvel impératif écologique, que l'ajournement est inadmissible. Fin mai 2011, un certain nombre de lauréats du prix Nobel se sont regroupés à Londres afin de débattre de l'actualisation de l'impératif écologique. À la fin de leur réunion, ils ont présenté le *Mémorandum du St James'Palace* (du nom du lieu de leur rassemblement), un texte dans lequel ils renouvellent les revendications émises depuis des décennies en vue d'une nouvelle politique climatique et d'un agenda de mesures déterminées en faveur de la préservation des réserves naturelles mondiales. Ce qui nous fait dresser l'oreille, dans ce document, c'est sa tonalité inquiétante, l'exhortation impatiente qui s'y exprime : un groupe d'éminents scientifiques, auxquels on ne peut prêter aucun goût pour les propos hystériques et les outrances apocalyptiques, a ici pris le risque de s'adresser aux responsables de ce monde en des termes que l'on est forcé d'interpréter comme un signal d'alarme inconditionnel. Cette alerte ne peut qu'ébranler même ceux de nos contemporains dont l'esprit critique immunise contre l'alarmisme et qui rejettent toute forme de catastrophisme. Les auteurs de l'appel de Londres ne se contentent pas de reprendre la liste bien connue des mesures qui doivent mener à une Grande Transformation – pour utiliser la langue d'Edgar Morin : à une métamorphose dont pourrait émerger un nouveau modèle de civilisation –, comprenant la formulation d'un traité universel sur le climat, la réorientation de toute la civilisation vers des technologies sans émissions de carbone, et la protection des forêts tropicales. Ce qui impressionne surtout, dans ce document, c'est la ferveur avec laquelle les scientifiques soulignent la nécessité d'agir *maintenant*. Le mot-clef, dans cette dernière rédaction de l'impératif écologique, est en toute logique : l'urgence du maintenant (*the Urgency of Now*). Cette urgence découle du fait que, dans l'univers des processus irréversibles, il n'existe pas de seconde chance. Quand on place ses espoirs dans l'amélioration du monde au fil de l'histoire, on a toujours un nouveau matin devant soi. En revanche, quand on aimerait mettre un terme à la dégradation que les destructions incontrôlées du climat, de l'environnement et de la cohésion sociale font subir au monde, on n'a plus une seule journée à perdre.

Pareil mouvement vers l'action fondée sur la responsabilité globale ne peut se produire que si l'on parvient à formuler un nouveau concept de la solidarité concrète, chargé d'implications universelles. Je voudrais chercher ici à esquisser la manière dont on pourrait exprimer un concept de ce type – et le faire en employant les termes d'une immunologie systémique générale. L'immunologie générale part de l'axiome selon lequel la vie est la phase de réussite d'un système immunitaire – le terme « vie » ne renvoie pas seulement ici aux organismes biologiques, mais aussi à l'existence historique des cultures, des peuples, des institutions. L'immunité désigne à l'origine la protection juridique dont bénéficient ceux qui exercent des fonctions importantes pour la communauté – ce qui souligne le lien profond entre communauté et immunité. Le système du droit romain avait déjà compris qu'il n'existait pas de *communio* sans structures adaptées d'*immunitas*. Chaque système immunitaire est l'incarnation d'une attente de blessure, ou une défense institutionnalisée contre les nuisances. Chez l'être humain, trois niveaux synchronisés de systèmes immunitaires s'additionnent : l'immunité biologique protège les organismes individuels contre les infestations et blessures typiques ; l'immunité sociale est quant à elle assurée par des systèmes de solidarité simples (comme l'hospitalité, l'aide du voisinage) ou complexes (État providence, assurances) et par le système du droit. Ces institutions expriment l'idée que les hommes sont des créatures qui ne peuvent prospérer que dans l'élément du soutien mutuel et uniquement sous la protection de lois qui empêchent l'injustice.

À ces formes d'ordre s'ajoutent dans la plupart des cultures des systèmes immunitaires symboliques ou rituels que l'on désigne conventionnellement en Europe sous le nom de « religions » : elles pourvoient les hommes de mots et de gestes qui les aident à dépasser les moments de désarroi et de désespoir. Les systèmes immunitaires symboliques compensent la mort et garantissent la transmission des normes communes dans la succession des générations.

Les systèmes solidaires et immunitaires de types juridique et religieux dépassent visiblement l'horizon de l'égoïsme organismique. Ils pratiquent certes eux aussi, comme toutes les structures immunitaires, la distinction entre ce qui leur est propre et ce qui leur est étranger, à cette nuance près qu'ils ne définissent pas le « propre » d'une manière purement biologique, mais culturelle – que ce soit en tant que peuple ou groupe de peuples, ou en tant que communauté et succession de générations au sein de cette même communauté. À ce palier, l'immunité implique donc toujours un élément fort d'altruisme culturel. Dans la mesure où les individus apprennent à se comporter en acteurs de leur culture, ils repoussent les avantages privés pour œuvrer à l'avantage du groupe d'assez grande taille. Pour s'affirmer dans le flot du temps, les cultures et les peuples doivent amener les individus à comprendre que leur immunité privée ne peut être acquise que dans le cadre d'une co-immunité sociale efficiente. La co-immunité est par conséquent le mot-clef pour comprendre toutes les histoires politiques et sociales réussies. Elle permet de comprendre comment les hommes peuvent, d'une manière générale, coopérer au sein de groupes d'une certaine taille. Le calcul co-immunitaire explique le sacrifice de quelque chose à un niveau inférieur au profit de quelque chose à un niveau supérieur.

C'est sur ce principe que reposent tous les sacrifices et tous les impôts, toutes les bonnes manières et tous les services, toutes les ascèses et toutes les virtuosités.

La situation actuelle du monde se caractérise par son absence d'offre de co-immunité efficiente aux membres de la « communauté mondiale ». Au plus haut niveau, il n'existe pas de système solidaire convaincant du point de vue opérationnel, mais uniquement une guerre classique entre groupes de pression – à cela, même l'existence d'une institution comme l'Onu et d'autres forums globaux ne peut provisoirement rien changer. Les unités efficientes de co-immunité se trouvent toujours, aujourd'hui comme jadis, dans les formats restreints : elles sont familiales, tribales et nationales. Même les empires actuels continuent à obéir à la loi de l'exclusivité, dans la mesure où ils font encore une différence entre ce qui leur est propre et ce qui leur est étranger. Dans cette situation règne la compétition habituelle – ou la guerre de tous contre tous. Les sous-systèmes fragmentaires respectent dans leur rivalité une logique inexorable qui transforme régulièrement les gains immunitaires des uns en pertes immunitaires des autres. Chaque système fragmentaire cherche à tirer son épingle du jeu, tandis que l'ensemble reste exposé sans protection aux pillages des combattants.

La dérive catastrophique des processus globaux exige aujourd'hui que l'on réfléchisse à la création d'une unité de solidarité globale, qui serait suffisamment forte pour servir de système immunitaire au Tout dépourvu de défense – ce Tout non protégé que nous nommons Nature, Terre, atmosphère, biosphère, anthroposphère. L'impératif catégorique actualisé par Hans Jonas doit dès lors être poussé encore plus loin. La maxime de l'action, à notre époque, doit être la suivante : « Agis de telle sorte que les conséquences de ton action favorisent ou, du moins, n'entravent pas l'avènement d'un système de solidarité global. Agis de telle sorte que la pratique du pillage et de l'externalisation en vigueur jusqu'ici puisse être remplacée par un ethos de la protection globale. Agis de telle sorte que les conséquences de ton action n'engendrent pas de nouvelles pertes de temps dans la négociation de ce virage devenue indispensable dans l'intérêt de tous. »

Traduit de l'allemand par Olivier Mannoni

Des principes pour l'organisation d'une gouvernance mondiale

René Passet

La mondialisation appartient au domaine des faits : « le fait de devenir mondial, dit Le Robert, de se répandre dans le monde entier ». Il ne sert à rien de nier un fait : quand il est, il se contente d'être... avec obstination. On ne l'influence qu'en partant de la réalité de son existence. On ne le supprime pas par décret : pas plus aujourd'hui la mondialisation ou l'ordinateur qu'hier la nation ou la machine à vapeur...

Il s'agit d'un fait vieux comme le monde : partant d'Afrique les premiers hominidés se répandent sur la planète ; depuis les Phéniciens au IXe siècle avant Jésus-Christ, en passant par les Grecs, les foires de Champagne au Moyen Age, la découverte du Nouveau Monde à partir de 1492, les villes méditerranéennes de la Renaissance, les conquêtes coloniales aux XVIIIe et XIXe siècles, le développement des moyens de communication au XXe siècle, les hommes n'ont cessé de se lancer à la conquête de l'espace… bien au-delà des frontières de notre planète. Sans doute s'agit-il d'un élan profondément ancré dans l'essence même de la vie. Jean Piaget, dans un de ses derniers livres, *Le Comportement moteur de l'évolution* (1976), soulignait la tendance spontanée de la plus élémentaire des cellules vivantes à explorer le monde qui l'entoure et donc à évoluer en s'adaptant à des milieux nouveaux.

Mais, c'est en même temps, un phénomène profondément renouvelé. Car la mondialisation ne se définit pas seulement de manière quantitative. Les flux de capitaux et de marchandises dans le monde ont revêtu à d'autres époques une importance relative aussi grande qu'aujourd'hui par rapport au produit mondial : ainsi en France, en 1920, les exportations représentaient-elles à peu près le quart du PIB, tout comme aujourd'hui.

Mais deux phénomènes récents – l'un technique, l'autre politique – sont venus en transformer profondément la portée.

Le premier réside dans l'apparition de l'ordinateur et l'émergence de l'immatériel. « Nous sortons du néolithique », se plaisait à dire le grand paléontologue André Leroi-Gourhan. Il signifiait par là qu'au Néolithique, en se sédentarisant, les populations humaines – utilisant systématiquement le sol comme réceptacle de l'énergie solaire pour faire croître la plante et élever l'animal – étaient entrées dans une phase de développement tirée par l'énergie (le soleil, le vent, l'eau, la vapeur, l'électricité, le pétrole, l'atome, les énergies physico-chimiques...) et que, à présent, nous entrions dans une nouvelle phase dont les moteurs se déplaçaient, hors de ce champ, vers celui de l'immatériel. C'est une révolution considérable, dont nous commençons à peine à entrevoir les effets.

L'ordinateur est aussi cet instrument qui permet de relier, en temps réel, tous les points du monde : ainsi, pour n'évoquer qu'un exemple frappant, nous avons pu suivre instantanément, sur quelque endroit de la planète où nous nous trouvions, la tragédie de Manhattan à mesure qu'elle se déroulait. « Une économie capable de fonctionner en temps réel à l'échelle de la planète »... c'est ainsi que Manuel Castells[1] définit la « globalisation » actuelle ; il s'agit d'une situation nouvelle qui transforme radicalement la nature du phénomène « mondialisation ».

La mondialisation contemporaine se caractérise par une mutation – bien plus que par le développement des échanges – se traduisant par un

1. Manuel Castells, *L'Ère de l'information*, t. I : *La société en réseaux*, Fayard, 1998.

monde d'interdépendances généralisées, organisé en réseaux et mené par les forces de l'immatériel. Mais ce qui découle de ce cadre renouvelé dépend de la politique à laquelle on le soumet.

Le second phénomène – l'événement politique –, initié dans les années 1980, n'est autre que la libération des mouvements de capitaux dans le monde qui, en permettant leur concentration par-delà les frontières nationales, aboutit à la formation d'un pouvoir financier planétaire supérieur à celui des États. Il ne faut pas confondre la mondialisation – fait inéluctable découlant de l'évolution des techniques contemporaines – avec sa forme financière, fruit de politiques humaines pouvant être remis en question par d'autres politiques. Accepter la première n'implique nullement l'approbation de la seconde que l'on peut aller jusqu'à rejeter... par mondialisme[1].

Aux différentes étapes de l'évolution technique ont correspondu différentes modalités de l'organisation des sociétés humaines. À la représentation mécaniste de l'univers, héritée du XVIIIe siècle et de la révolution industrielle, répondaient la concentration des forces productives, l'organisation

1. Voir par exemple, mon livre : *Éloge du mondialisme par un anti présumé*, Fayard, 2001.

hiérarchique des pouvoirs au sein de l'entreprise et de la nation, ainsi que – de la commune à la nation – le découpage pyramidal de l'espace en structures emboîtées. L'ère de l'informationnel est, en revanche, celle de la relation et de l'organisation en réseau et des systèmes complexes, dont le modèle n'est plus la machine mais le vivant. Depuis Berthelot, nous savons que celui-ci ne se distingue pas de l'inanimé par la nature des matériaux qui le constituent, mais par leur organisation.

En interrogeant ces différentes formes d'organisation, Il ne saurait être évidemment question que de rechercher des principes et non de transposer des modèles. Nous interrogerons donc les systèmes complexes et, si le vivant nous répond le plus souvent, c'est que les disciplines dont il relève se sont engagées les premières dans cette voie : « Un organisme, disait le biologiste Henri Laborit, est constitué de structures possédant une finalité fonctionnelle qui, par niveaux d'organisation, concourent à la finalité de l'ensemble, finalité qui paraît être ce que l'on peut appeler la survie de cet organisme et qui résulte du maintien de sa structure complexe, dans un milieu qui l'est moins[...]. Cette notion nous amène à considérer que la finalité de chaque élément, de chaque sous-ensemble ou partie d'un organisme vivant, concourt à la finalité de cet organisme, mais qu'en rétroaction, le maintien de sa structure d'ensemble, finalité de cet organisme, assure la finalité de chacun de ces éléments, et donc le maintien de sa structure[1]. »

Tout y est : l'affirmation de l'existence d'une pluralité de niveaux d'organisation (ayant chacun ses propres finalités et fonctions) à l'intérieur d'un système ; la désignation d'un principe d'arbitrage entre les finalités de ces différents niveaux ; un principe d'économicité et de contrainte minimale impliquant la coopération de tous au maintien de l'existence du Tout en tant que tel, et de chacun considéré individuellement.

Pluralisme : la cohabitation de plusieurs logiques et niveaux d'organisation

Des atomes et molécules constituant la cellule au cosmos tout entier, une infinité de systèmes s'intègrent en un Tout cohérent. Par rapport à l'ensemble, chacun constitue ce que l'on appelle un niveau d'organisation. Mais à la différence de l'horloge (où les mêmes lois de la mécanique se retrouvent à tous les échelons), le passage d'un niveau à l'autre s'accompagne de changements qualitatifs à

1. Henri Laborit, *La Nouvelle Grille*, Robert Laffont, 1974.

l'occasion desquels émergent une nouvelle logique et de nouvelles propriétés. Ainsi, de la molécule à la cellule s'accomplit le saut phénoménal que constitue l'apparition de la vie ; la formation du cerveau s'accompagne du jaillissement non moins considérable de la pensée. Cette émergence de propriétés absentes des niveaux inférieurs interdit de réduire le Tout à la somme de ses composantes : l'intérêt ne se situe pas uniquement dans les composants, mais également dans le résultat des interrelations entre ces dernières. Chaque niveau d'organisation résulte de la conjonction des fonctions de niveaux dits « inférieurs » et, associé à d'autres, contribue à la production de niveaux dits « supérieurs ». Il n'y a, dans ces qualificatifs d'inférieur ou supérieur, aucune connotation qualitative ou hiérarchique. Nous sommes au contraire dans le domaine de l'organisation en réseaux. Chaque niveau possède ses finalités propres et contribue, en relation avec les autres, au bon fonctionnement du Tout. Tous sont également indispensables : par exemple, c'est par la disparition des oiseaux que, dans son livre *Le Printemps Silencieux,* Rachel Carson annonçait les menaces pesant sur la planète.

L'application de ce premier principe nous conduit à soutenir la nécessité d'une économie plurielle, reposant sur les différents types de fonctions assumées au sein de tout système. De l'individu à la nation et à la collectivité internationale, le monde économique est formé de niveaux d'organisation relevant de finalités diverses et assumant des fonctions différentes : l'individu existe et l'on ferait fausse route de vouloir l'ignorer ; mais, à l'inverse, on aurait tout aussi tort de ne vouloir connaître que lui. La logique qui préside à la construction d'un équipement collectif comme un barrage, un hôpital, un établissement scolaire ou une voie de communication ne se réduit pas à celle des intérêts individuels : ainsi, les chemins de fer, en fonctionnant d'abord à perte, ont stimulé la création d'activités représentant une gigantesque croissance des produits nationaux. Si la rentabilité d'un équipement collectif ne s'exprime pas dans le court terme à travers le compte d'exploitation de l'unité productive qui en assume la charge, elle se réalise dans le long terme par son impact sur le produit national. De ce point de vue, sa dimension optimale implique la prise en compte des activités et des besoins encore inexistants, mais que sa présence fera naître. Il doit donc comporter, au moment de sa création, un excédent de potentiel s'opposant à sa rentabilité immédiate. Le marché, lui, ne comptabilise que les impacts monétaires de court terme le concernant. Au nom de quoi voudrait-on en faire le grand régulateur… de ce qu'il ne sait pas réguler ? L'intérêt général ne se réduit pas à une simple addition d'intérêts individuels.

De ce point de vue et sans entrer dans le détail, on distinguera trois types d'activités irréductibles les unes aux autres :

- des activités dont les effets, concernant essentiellement les agents individuels qui les assument (consommateurs, commerçants, artisans, activités à faibles effets externes...), ne sont pas de nature à remettre en cause les finalités de niveaux supérieurs, et que l'on n'a aucune raison de ne pas confier à l'initiative privée ;
- d'autres activités qui, par nature (biens collectifs, santé, culture, éducation, sécurité...) ou par l'importance des effets qu'elles comportent pour l'ensemble de la collectivité (finance, banque, fabrication et vente d'armements, nanotechnologies...), relèvent de l'utilité sociale, rejaillissent sur l'intérêt général et doivent être assumées ou étroitement contrôlées par la collectivité publique. La santé, l'éducation, la culture ne produisent pas des choses, mais de l'être. Tout ce qui touche à l'utilité sociale déborde sur le champ des valeurs. Au nom de quoi, ces différentes activités devraient-elles être subordonnées aux lois de l'économie marchande ?

– celles enfin qui concernent l'intérêt général, mais dont l'organisation ne menace en rien le jeu de la fonction d'utilité collective. Il s'agit d'activités d'économie sociale, solidaire ou associative, pouvant fort bien conjuguer l'intérêt général et l'initiative privée. L'expérience prouve qu'en termes d'efficacité, elles n'ont rien à envier aux secteurs précédents.

Ces trois types d'activités ne doivent pas être considérés isolément mais dans leur interdépendance. C'est, en dépit de tous les dogmatismes, sur leur coopération et non sur le règne exclusif de l'une d'entre elles qu'ont reposé les grandes réussites économiques. En témoignent, aux États-Unis, le New Deal des années trente ou la Silicon Valley des années 1970 ; en France, la Planification souple et les Trente glorieuses de l'après-guerre ; au Japon, le rôle du MITI dans la percée technologique du dernier quart du siècle dernier.

Cette approche débouche donc sur une économie plurielle appelant coordination.

Arbitrage : un vaste système bouclé d'interdépendances auquel participent toutes ses composantes

La fable[1] de La Fontaine – inspirée de celle d'Esope – nous dit ce qu'il advient lorsque les membres entendent chacun n'agir – à l'encontre de l'estomac – que dans leur propre intérêt : « ce leur fut une erreur dont ils se repentirent ». Si, de la cellule à l'individu et à la biosphère, les finalités de tous les sous-systèmes s'articulent de façon cohérente, c'est que, sauf pathologie, leurs conduites possibles se limitent à celles-là seules qui n'entravent pas le jeu des fonctions de niveaux supérieurs auxquelles elles participent. La finalité fonctionnelle de la reproduction du « Tout » l'emporte sur celle des sous-systèmes qui le constituent ; mais, comme nous l'avons vu, plus haut avec Laborit, cette finalité résulte elle-même, de la convergence de toutes celles qui composant l'ensemble des niveaux du système.

1. Les membres et l'estomac.

La prééminence de la finalité fonctionnelle de la reproduction du Tout sur celle des parties : le primat de l'intérêt général sur les intérêts particuliers

Si les régulations issues de la logique marchande compromettent celles du milieu naturel, l'effondrement de ce dernier entraînera fatalement celui du sous-système économique. Les normes de reproduction de l'espèce humaine et du milieu naturel constituent donc autant de contraintes à l'intérieur desquelles doit se maintenir le champ de l'optimisation.

Au plan socioéconomique, cela implique le primat de l'utilité sociale sur les intérêts individuels. D'une part, pour des raisons identiques à celles des systèmes vivants (émergence de propriétés nouvelles lorsqu'on s'élève dans les niveaux d'organisation), le Tout social ne se limite pas à la somme des individus qui le composent. D'autre part, le célèbre « paradoxe de Condorcet » montre que les préférences individuelles ne déterminent pas nécessairement le choix social. Pour faire simple, si trois amis hésitent entre passer leur soirée (a) au cinéma (b) au théâtre ou (c) au concert, il se peut que l'ordre de préférences de Pierre soit a>b>c, celui de Paul b>c>a et celui de Jacques c>a>b. On voit bien qu'il y a une majorité de deux contre un pour préférer « a » à « b », puis « b » à « c » » et cependant « c » à « a ». Des individus au groupe, les choix ne sont pas transitifs. L'utilité sociale d'une collectivité ne saurait donc être valablement définie à partir d'un de ses sous-systèmes. Il faut faire appel à des valeurs communes qui transcendent les données purement individuelles du problème.

Ceci concerne tout particulièrement notre monde dans lequel le sous-système financier a fini par imposer la suprématie de sa logique purement instrumentale – par-delà toute finalité humaine ou politique – à l'ensemble de la planète. Or, un monde dans lequel la logique de l'instrument tient lieu de finalité marche sur la tête et devient fou. Le sacrifice des hommes s'affirme comme le moyen d'assurer « la bonne marche » du système productif, mais à quelle fin s'il ne sait produire que le malheur de ceux qu'il devrait servir ? Les exemples se multiplient : la précarité du travail et des salaires – baptisée « flexibilité » – devient recette de succès du système productif ; ce n'est plus le média qui est au service du spectacle, mais celui-ci qui, *via* l'audimat, alimente celui-là en recettes publicitaires ; le sport dont chacun sait qu'il est « la santé » exploite jusqu'à les détruire quelques marionnettes vedettisées et, dans plusieurs pays, la justice enquête sur le nombre inquiétant de morts suspectes affectant certaines disciplines sportives.

Quand le seul critère de succès, justifiant tout, est la réussite financière, quand les repères éthiques ont disparu, au nom de quoi pourrait-on réguler la société ? Celle-ci se décompose et les citoyens perdent la raison. Les uns, baissant les bras, vont chercher refuge dans les paradis artificiels ; les autres se révoltent et cassent, pour le plaisir de « casser » ce monde incompréhensible qui les exclut ; d'autres, enfin, vont chercher, dans la fausse spiritualité des sectes ou des intégrismes, des substituts douteux aux valeurs que la société ne produit plus. En même temps que les repères, les lignes de démarcation entre économie « propre » et économie « sale » s'estompent. Véritables zones de non droit, les paradis fiscaux permettent aux firmes censées appartenir à la première économie de détourner la loi fiscale pour en tirer des avantages de compétition ou de frauder leur comptabilité en utilisant le biais de sociétés virtuelles ; ils sont le lieu incontournable du blanchiment d'argent des trafics illégaux ; ils alimentent les filières de financement du terrorisme... Les opérations de l'économie « propre » bénéficient des mécanismes de l'économie « sale » et réciproquement celle-ci ne pourrait se développer sans la compétence d'hommes de loi – honorés sinon honorables – ayant pignon sur rue, ou sans la « compréhension » de quelques banquiers peu curieux de connaître l'origine des fonds qui leur sont confiés. Une véritable symbiose s'établit entre les deux économies. Comme le dit le juge Jean de Maillard[1], elles ne se développent pas l'une contre l'autre, mais l'une par l'autre, en symbiose. Dans le prolongement de la crise des subprimes, on voit aujourd'hui les institutions bancaires, sauvées de la débâcle par un apport massif de liquidités, se retourner et spéculer contre les États qui, hier, les ont tirées d'affaire.

Il faut faire appel à des valeurs transcendant le seul jeu des intérêts individuels. Le primat de l'utilité sociale implique la supériorité du politique (qui relève des finalités et exprime le consensus social découlant de la concertation des citoyens) sur l'économique qui relève seulement du niveau des moyens financiers. Encore une fois, nous entrons dans le domaine des finalités et des valeurs communes.

Et comme les valeurs ne se démontrent ni ne se réfutent, comme personne ne peut prétendre détenir la seule vérité en la matière, et que l'on doit, bon gré mal gré, vivre ensemble, on n'a guère d'autre choix que de s'exterminer ou de s'accorder sur un compromis en forme de projet social.

1. Jean de Maillard, *Le marché fait sa loi,* Mille et une nuits, 2001.

On ne saurait trouver meilleur argument en faveur de la démocratie.

Le bouclage du bas vers le haut et la répartition du pouvoir par niveaux d'organisation : le principe de contrainte minimale

La primauté du Tout, si elle n'était pas contrebalancée, « constituerait le fondement d'un État totalitaire dans lequel l'individu apparaîtrait comme une cellule insignifiante dans un organisme, un ouvrier sans importance dans une ruche » déclare le père de la théorie des systèmes Von Bertalanffy[1]. Même dans le cas où le pouvoir représente le choix de la majorité, si rien ne limite les pouvoirs, les majorités peuvent déboucher sur l'oppression des minorités. Dans les systèmes complexes autoreproducteurs, deux phénomènes viennent contrebalancer ce risque.

Comme nous venons de le voir, les parties contribuent à la reproduction et au fonctionnement du Tout, autant que celui-ci contribue à la reproduction et au fonctionnement des parties. Par ce bouclage des régulations du haut vers le bas et du bas vers le haut, le Tout n'est pas un

1. Ludwig Von Bertalanffy, *Théorie générale des systèmes*, trad. fr. Dunod, 1972.

sommet d'où descendraient des ordres, mais le système tout entier constitué par l'ensemble de ses composantes.

En outre, la répartition du pouvoir de décision s'effectue selon un principe que l'on qualifiera de « contrainte minimale ». Centralisation et décentralisation ne sont pas antagonistes mais complémentaires. La décentralisation d'un système (nation ou entreprise) n'est possible, sans désarticulation, que dans la mesure où le centre maîtrise l'information et le pouvoir d'impulsion indispensables à la marche cohérente de l'ensemble. Et, réciproquement, la centralisation qui se poursuit sans décongestion du centre vers la périphérie se confronte aux risques de lourdeur et d'inefficacité, au terme desquelles se profile l'effondrement du système. L'Union soviétique en est un exemple. Le principe semble être que toute décision devrait être prise « au » et « par le » niveau d'organisation où elle développe ses conséquences ; « plus » ou « moins » sont également néfastes : le premier comporte des contraintes inutiles et le second ne saurait – comme on vient de le voir – accomplir les finalités d'un niveau qui lui est supérieur. Dans les systèmes autoreproducteurs, chaque niveau d'organisation reçoit – et envoie – ou uniquement la quantité d'information nécessaire à la bonne marche du système. La contrainte déployée à chacun de ces niveaux correspond donc toujours au strict minimum indispensable.

Ce principe devrait inspirer la répartition des responsabilités à l'intérieur des nations, entre les nations, entre les groupements de nations et au sein de la communauté mondiale dont l'Assemblée générale des Nations unies constitue, à ce jour, le seul représentant légitime. Pour nous en tenir à ce niveau de coordination, devraient relever de sa compétence – sous des formes institutionnelles diverses – tous les problèmes cruciaux ne pouvant être résolus ailleurs : le contrôle et la maîtrise des pouvoirs financiers mondiaux qui imposent leur loi, faisant fi de la souveraineté des nations ; les atteintes globales à la biosphère ; l'aide au développement des peuples économiquement attardés ; la sécurité mondiale ; la gestion des « biens communs de l'humanité » : l'air, l'eau, le climat, le génome, les savoirs, les cultures (« patrimoine de l'humanité », selon Pasteur), qui, par essence, appartiennent à tous. Au nom de quel impératif humain les soumettrait-on aux régulations de l'appropriation privée et de la régulation marchande ? Sans doute cela ne saurait-il se faire en un jour mais tel semble être l'objectif vers lequel il conviendrait de converger progressivement.

Ajoutons qu'un même problème peut concerner plusieurs niveaux selon la portée des effets qu'il est de nature à engendrer. Ainsi, en matière d'environnement, les phénomènes globaux (effet de serre, problèmes liés à l'eau, réduction de la biodiversité, pandémies…) engagent la concertation internationale ; la définition des normes de qualité des éléments et des milieux dans une nation relève de l'autorité gouvernementale, et les normes d'émission permettant de les respecter ne peuvent – étant donné la grande variété de conditions locales – dépendre que des autorités régionales ou locales.

Il ne s'agit donc pas d'empiler des strates de supranationalité les unes sur les autres en éloignant chaque fois davantage le pouvoir politique des citoyens, mais de distribuer des fonctions. Nous sommes plus proche du fédéralisme que d'une sorte de jacobinisme mondial. La communauté locale, la nation existent. Elles sont les fruits de l'Histoire. Elles doivent continuer à être des lieux de vie et de décision. Mais aujourd'hui, les moyens de communication font du monde un espace où tout se vit en temps réel. Des problèmes vitaux se posent au niveau de la communauté internationale. Il convient de créer les structures et d'organiser les fonctions permettant de les gérer conjointement et dans la solidarité. La concertation permanente des chefs d'État au sein d'institutions comme le G20, si elle représente un incontestable progrès dans ce sens[1], se situe cependant encore sur le terrain de la confrontation des intérêts nationaux. Nous devons déléguer à des organisations mondiales nos parts de souveraineté relatives à des problèmes planétaires.

Si l'intérêt social n'est pas la simple addition d'intérêts individuels, l'intérêt de l'humanité ne se réduit pas à une somme d'intérêts nationaux. Il doit s'exprimer par le truchement d'institutions spécifiques.

1. Hier, on envoyait des dépêches qui déclenchaient des guerre. Aujourd'hui, on se rencontre et on parle.

Décennie 80 : le démantèlement de la gouvernance mondiale

Bernard Miyet

Alors que la planète entière continue de découvrir, apparemment stupéfaite, l'ampleur et la permanence de la crise financière dans laquelle le monde occidental se trouve plongé, il est essentiel de s'interroger sur les causes fondamentales de cette débâcle. Banquiers et spéculateurs font certes figure de boucs émissaires, faciles à livrer à la vindicte des opinions publiques tant leurs responsabilités sont évidentes, mais cette dénonciation fournit à n'en pas douter un opportun prétexte à d'habiles procureurs pour éviter de se livrer à leur autocritique.

La vision friedmanienne de l'économie, fruit des cogitations de l'École de Chicago, s'est imposée en moins d'une décennie et s'est traduite par une phénoménale création de « fausse monnaie » tant elle était déconnectée de l'économie réelle. Avec l'introduction, puis la généralisation de l'utilisation de robots algorythmiques, nous avons assisté à l'accélération et à l'amplification des phénomènes spéculatifs si propices à la création de bulles spéculatives nuisibles à un développement économique sain et stable. Mais ce procédé était si favorable à l'explosion de bonus injustifiés que l'appât du gain facile et immédiat fît oublier toute prudence et plus encore toute éthique.

Ceci étant, cette débâcle trouve également son origine dans les choix des gouvernements qui ont organisé de manière délibérée et méthodique le démantèlement des principaux instruments juridiques ou la marginalisation des organismes multilatéraux qui avaient vocation à réguler les marchés. Cette politique est devenue systématique avec l'accession concomitante au pouvoir de Ronald Reagan aux États-Unis et de Margaret Thatcher au Royaume-Uni.

Rien ni personne n'a résisté à ce mouvement et tous les secteurs de l'action internationale ont été frappés par cette vague néolibérale que les dirigeants politiques (dont l'ignorance en matière économique était patente) ont accompagnée avec ferveur. Cette *doxa* a tout emporté sur son passage, ravalant au rang d'ignorants ou d'intellectuellement retardés tous ceux qui la contestaient. Des experts ou économistes dont l'arrogance et l'assurance étaient égales à leur aveuglement idéologique ont articulé le « nouveau » credo.

Comble de malheur, il a de surcroît été véhiculé sans réserve par des médias aussi bienveillants que complices.

Nous avons ainsi assisté, incrédules ou impuissants, à l'emprise de plus en plus forte de la finance avec, pour conséquence, la création incessante de nouveaux instruments financiers, toujours plus opaques et risqués, et l'empilement de prélèvements parasites pour chaque opération de prêt, à l'instar des *subprimes*. Cette prédation s'est en outre nourrie de l'incroyable spirale de déresponsabilisation qui a résulté du recours généralisé à l'assurance, au demeurant aussi illusoire que coûteux.

Cette politique de dilution du risque a trouvé sa plus évidente illustration avec la « titrisation » des créances immobilières ou les CDS (*credit default swaps*), laquelle a abouti au renchérissement du coût du crédit dans le seul but de protéger des créanciers privés contre des risques incalculables et déraisonnables. Ce type de couverture avait été conçue à l'origine pour lisser l'évolution erratique des cours des matières premières ou des changes. Finalement, c'est hélas ! l'État, donc le contribuable, qui est appelé à payer la facture en cas de défaut de paiement.

Internationalement révéré jusqu'à la faillite de la banque Lehman Brothers, Alan Greenspan, qui fut l'un des grands ordonnateurs de cette brillante théorie, n'eut pas d'autre échappatoire que de reconnaître, contrit, qu'il s'était complètement trompé. Et dire que ce « maître à penser » a pu diriger pendant dix-neuf ans la principale institution financière mondiale avec la bénédiction d'une classe politique et d'une presse internationale subjuguées…

Derrière l'agitation de nos gouvernants, d'autres forces détenaient en réalité le pouvoir intellectuel et économique, manipulant hommes et forces politiques en fonction de leurs intérêts financiers à court terme. Banquiers, financiers en tout genre, managers et actionnaires d'entreprises multinationales ont réussi à faire tourner la planète autour d'un objectif prioritaire : accroître leur puissance et maximiser leur profit immédiat, sans véritable souci de l'avenir des entreprises ou de la situation de salariés considérés comme une simple variable d'ajustement financière. Créer des *deals* étant devenu à très brève échéance tellement plus rémunérateur, que de créer des produits, quelle idée de préfèrer l'industrie à la finance ?

Ce mouvement a opportunément bénéficié de la chute du mur de Berlin et d'une vague idéologique néolibérale qui paraissait légitimée par le concept de « la fin de l'histoire » formulé par Francis Fukuyama. Les nouveaux dirigeants des pays de l'Est ont embrassé ce credo avec l'ardeur des néophytes. Ils ont été soutenus par les « nouveaux milliardaires » qui ont pu s'enrichir en un temps record par la grâce de privatisations de convenance, de la mise en coupe réglée des resssources naturelles locales ou de l'exploitation de la main-d'œuvre nationale.

La complicité intellectuelle ou la convergence d'intérêts entre milieux d'affaires et propriétaires des médias dominants contribuent à expliquer ce qui a suivi. Relire les articles et les éditoriaux des plumes qui officient dans les organes de presse les plus influents des domaines économique et financier est un exercice pour le moins probant à cet égard. Que ne se sont-ils rappelés ce que disait Keynes dans sa légendaire *Théorie générale de l'emploi, de l'intérêt et de la monnaie* de 1936 : « Quand le développement du capital d'un pays devient un sous-produit des activités d'un casino, le travail risque d'être mal fait. »

Les règles du jeu qui furent définies étaient simples et ne firent guère l'objet de contestation : libéralisation généralisée des échanges, remise en cause de toutes les réglementations par nature antiéconomiques, liberté totale de mouvement des capitaux, respect sans nuance du dogme de la concurrence, mise au pas ou à l'index des instances internationales à la fois « dépassées, incompétentes et renégates ».

Cette doctrine s'est imposée partout avec une rapidité et une efficacité redoutables. Au demeurant, ceux qui, chez nous, se faisaient encore récemment les infatigables avocats de ce dogme, clamant la légitimité de toute réussite financière, vantant le bien-fondé des *subprimes* ou érigeant en exemple la carrière des jeunes *traders* expatriés à Londres ou à New York, sont désormais les premiers à vilipender ces « prédateurs » et à vouloir dorénavant tout régimenter !

La marginalisation programmée du système onusien

Confrontée au développement de la mondialisation économique et à l'aspiration des pays du Sud à bénéficier des fruits d'un développement équilibré et maîtrisé, l'Onu a adopté, lors de l'Assemblée générale extraordinaire de 1974, une charte relative à un nouvel ordre économique international. À la suite de cette recommandation, la deuxième commission, les organes subsidiaires (Conseil économique et social, Cnuced...) ou les institutions spécialisées (Onudi...) ont entamé des négociations couvrant un large spectre en vue d'apporter des solutions aux divers problèmes économiques et financiers posés à la communauté internationale.

Afin de mettre la machinerie onusienne en mesure de relever ces défis de manière globale et coordonnée, des projets de réformes institutionnelles ont été, à plusieurs reprises, soumis aux États membres. Toutes ces tentatives de réorganisation rationnelle ont été vouées à l'échec, les pays riches montrant à chaque occasion peu d'empressement à partager le pouvoir. Des parades ou des mesures de contournement ont toujours été trouvées pour préserver la domination des principales puissances occidentales, et notamment celle des États-Unis.

Estimant l'Onu contaminée par l'idéologie tiers-mondiste, les pays de l'OCDE ont mené une offensive visant à marginaliser la Cnuced et à réduire l'influence de certains penseurs du Sud (Raúl Prebisch, Manuel Pérez-Guerrero, Gamani Correa) considérée comme excessive et néfaste. À l'heure où le besoin d'une gouvernance mondiale démocratique paraissait évident, la montée en puissance du mouvement des non-alignés et les revendications présentées par le groupe des 77 en matière économique et sociale devinrent vite des épouvantails pour le monde occidental.

L'organisation du « Dialogue Nord-Sud » à l'initiative du président Valéry Giscard d'Estaing – dont l'objectif était certes louable – eut pour conséquence, voulue ou non, de délégitimer l'organisation universelle comme cadre de discussion de ces problèmes.

Lorsque j'ai pris mes fonctions au ministère des Affaires étrangères en 1976, ce « Dialogue Nord-Sud » jetait ses derniers feux sans produire de grand résultat alors que la Cnuced commençait à préparer sa cinquième Grande Conférence qui allait se tenir en mai 1979 à Manille.

L'ambition originelle de cet organe subsidiaire des Nations unies était noble et légitime : trouver les voies et moyens de résoudre la question du sous-développement en s'attaquant à ses causes. Ce dessein était alors partagé par l'ensemble du système onusien : les divers organes et institutions étaient engagés dans des négociations couvrant tout le spectre des activités économiques et sociales, comme en écho aux intuitions d'Edgar Morin sur la nécessité de prendre en compte les problèmes de nos sociétés dans toute leur complexité.

À New York, les États membres de l'Onu estimèrent indispensable de s'interroger sur le rôle des sociétés multinationales et de fixer leurs droits et obligations dans le cadre d'un Code de conduite international. N'était-il pas logique et nécessaire de déterminer les limites de l'action de ces entreprises au regard des États au sein desquels elles opéraient puisque le monde devenait de plus en plus interdépendant ?

En 1979, j'eus le privilège d'être nommé à la Mission permanente de la France auprès de l'Office des Nations unies et des Organisations internationales à Genève, sous l'autorité bienveillante et roborative d'un ambassadeur hors pair, Stéphane Hessel. J'ai eu l'honneur de participer à l'élaboration de deux autres projets de Code de conduite international. Le premier portait sur le transfert de technologie, et le second sur les pratiques commerciales restrictives (droit de la concurrence). N'était-il pas là encore pleinement légitime et opportun de vouloir réguler le processus de globalisation en cours ?

Un « programme intégré pour les produits de base » fut par ailleurs conçu pour trouver des solutions à l'épineux problème de l'évolution erratique des cours des matières premières, cause majeure des déséquilibres budgétaires et de l'endettement de nombreux pays sous-développés. Il consistait en un réseau d'accords internationaux (cacao, banane, blé, café, thé, huile d'olive, sucre, coton, bois tropicaux, jute, cuivre, étain, manganèse, etc.) qui seraient coiffés par un fonds commun de stabilisation des cours des matières premières chargé d'assurer l'équilibre à long terme de l'ensemble. Ce fonds vit finalement le jour grâce au talent de diplomates chevronnés dont celui de Stéphane Hessel.

Les réflexions s'étendaient également aux transports maritimes, aux problèmes spécifiques qui se posaient aux dits « PMA » (pays les moins avancés) ou à la question majeure de l'endettement des pays en développement.

Ce n'était donc pas l'absence de réflexion ou de prise en compte des questions fondamentales auxquelles se trouvait confronté un monde en voie de globalisation qui créait problème aux pays occidentaux. En réalité, les pays riches toléraient difficilement que ces discussions se tiennent dans un cadre onusien sur des sujets aussi sensibles pour les intérêts des entreprises multinationales, de leurs actionnaires ou de la finance internationale. Il leur apparut bientôt nécessaire de briser ce cercle vicieux en provoquant la déstabilisation des instances onusiennes et le blocage de ces négociations avant qu'elles ne portent atteinte à leur pouvoir.

Pour être complet, il faut ajouter que quelques institutions bien sélectionnées ont été épargnées au sein de la galaxie internationale dès lors qu'elles répondaient aux attentes sinon aux injonctions des « puissants » de ce monde. Il s'agit des institutions que ces derniers contrôlent sans partage comme le FMI ou le Gatt, auxquels il faut ajouter la Banque mondiale, le PNUD, l'Unicef ou le Pam, dirigés depuis l'origine par une personnalité désignée par l'administration américaine.

C'est dans ces enceintes qu'ont été recentrés et confinés les dossiers que les pays occidentaux voulaient faire avancer, c'est là qu'ont été élaborées les mesures qu'ils desiraient voir adoptées.

Lorsque l'interventionnisme des Nations unies et le caractère « incontrôlable » de la Cnuced devinrent insupportables pour les tenants du libéralisme pur et dur, il devint impérieux de l'exclure du jeu et de privilégier un Gatt plus accommodant jusqu'à le transformer en une Organisation mondiale du commerce en 1994. Le Gatt fut l'artisan de l'ouverture des frontières et de la réduction des obstacles tarifaires et droits de douane des pays du Sud en faveur des biens et produits des entreprises du Nord, exception faite toutefois de la production agricole.

Tel fut l'objectif suivi par cette institution durant plusieurs décennies jusqu'à ce que les déséquilibres commerciaux générés par les délocalisations de secteurs industriels entiers ne leur reviennent en boomerang. Sa gloire dura jusqu'à ce que la montée en puissance des BRICS[1], qui menace dorénavant les équilibres économiques et sociaux des pays riches, ne douche leur enthousiasme initial. Depuis 1994, l'institution de Genève tourne à vide.

Relayant les architectes de cette politique, la Commission européenne se fit le chantre enthousiaste de cette libéralisation commerciale dans la mesure où elle avait tout intérêt à privilégier cette instance dans laquelle elle joue le premier rôle du fait de sa compétence exclusive en matière commerciale.

Dès le début des années 1980, le sort de la Cnuced ou des autres organes économiques des Nations unies fut donc scellé. Les multiples discussions concernant la régulation des divers marchés furent bloquées *sine die* sous la pression des gouvernements des grands pays occidentaux. Pour ces derniers, les « errements » interventionnistes devaient prendre fin, seul le marché étant habilité à décider du bien et du mal. Plus rien ne devait entraver le cours de la dérégulation, seule voie possible pour le bien de l'humanité… ou de leurs intérêts à court terme !

1. Brésil, Russie, Inde, Chine, Afrique du Sud.

Ce choix s'est traduit par une dégradation majeure de la coopération internationale et des résultats catastrophiques : crises financières à répétition, déséquilibres commerciaux liés à une désindustrialisation sauvage, dégradation accélérée de l'environnement, flux migratoires incontrôlés, dettes publiques et privées débridées, épuisement et pression sur les prix des matières premières et produits de base, constitution de monopoles ou d'oligopoles échappant à tout véritable contrôle mondial.

Le sentiment d'accroissement des inégalités comme de déclassement et de paupérisation des classes moyennes s'est largement diffusé dans le monde occidental au risque d'aviver les tensions sociales au sein de nos sociétés.

Puisque l'ONU devait être marginalisée au nom de son immobilisme et de son prétendu irréalisme, il fallait malgré tout donner le sentiment, et bientôt l'illusion, qu'un cadre renouvelé de coopération internationale, davantage responsable et efficient, lui était substitué. Le club fermé et sélect de l'OCDE étant trop marqué et trop large, de nouvelles instances limitées au cercle étroit des leaders « compétents et raisonnables » furent créées. Ces « maîtres du monde » se rassemblèrent en un G5 élargi au G7/G8 avant qu'ils ne se trouvent contraints d'ouvrir leur porte aux leaders de pays émergents incontournables en se transformant en G20. Ce choix imposé résulte tout autant de l'absence de résultats concrets de ces réunions que de leur nature de toute évidence antidémocratique.

L'imposante débauche de moyens déployée pour organiser des sommets – souvent conçus par la puissance invitante pour valoriser son image nationale – apparaît inversement proportionnelle à l'importance des décisions prises comme l'illustre la vacuité des communiqués finaux. Quoiqu'il en soit, la simple tenue de ces réunions servit de prétexte pour justifier l'arrêt des travaux des institutions internationales jugées inertes et inconséquentes alors même qu'elles avaient délibérément été mises hors d'état de jouer leur rôle.

De retour en 1991 pour diriger la Mission permanente de la France auprès de l'Office des Nations unies à Genève, je ne pus que constater le décalage entre les rêves d'une communauté internationale qui voulait agir sur les causes du sous-développement dix ans auparavant et les ambitions amoindries de diplomates réduits à affronter les conséquences néfastes d'une décennie perdue (crises humanitaires, migrations incontrôlées, conflits ethniques, crises financières, dégradation de l'environnement). Quels nouveaux défis nous devions affronter mais quel goût amer nous ressentions devant ce gâchis !

Ce fut malgré tout du pain béni pour une presse avide de catastrophes qui font vendre du papier ou des images. Les journalistes se firent un devoir de mettre en valeur l'action des ONG humanitaires occidentales comme antidote à notre mauvaise conscience. Les sujets figurant à la une des journaux n'étaient sélectionnés qu'à la lumière des inquiétudes des opinions publiques américaine ou européenne (crises humanitaires, conflits ethniques, dégradation de l'environnement, phénomène migratoires). En revanche, les débats portant sur le développement des pays du Sud étaient relégués en pages intérieures, lorsqu'ils n'étaient pas simplement négligés.

Je soulignerai, en incidente, l'étonnement ou parfois même l'indignation que purent susciter ces articles ou éditoriaux rédigés à la veille de chaque réunion majeure du Conseil de sécurité par les journaux emblématiques de la presse d'outre-Atlantique pour soutenir, de manière consciente ou inconsciente, les objectifs de l'administration américaine durant les crises yougoslave et irakienne, l'affaire des armes de destruction massive n'en étant que l'avatar le plus visible.

La finance folle et débridée

Comme je viens de l'indiquer, le rôle du FMI a certes été préservé par les principales puissances économiques occidentales mais il a néanmoins été confiné à une tâche essentielle sinon unique : imposer des politiques d'ajustement structurel brutales à l'égard des pays du Sud « inconséquents ».

Pour s'en convaincre, il suffit de rappeler que les gouvernements américain et britannique plaidaient sans relâche au cours de cette même période en faveur de la libéralisation totale des mouvements de capitaux, mais qu'ils prenaient parallèlement soin d'écarter la moindre intervention d'une quelconque institution internationale sur les marchés financiers. Est-ce en effet par pur hasard que le projet d'amendement des statuts du FMI qui avait été soumis aux États membres au milieu des années 1990, en vue de renforcer son rôle de surveillance, a été rejeté par le Congrès américain, utilisant la crise financière asiatique de 1997 comme prétexte ?

Emportés par la vague néolibérale, les pays européens et la Commission européenne ont fait preuve d'un zèle inconditionnel en faveur de l'adoption d'un Code de libéralisation des mouvements de capitaux en 1989 au sein de l'OCDE, avant de voter dans la foulée la Directive européenne du

24 juin 1988 relative au même sujet. Cette dernière évolution est le fruit d'un accord entre la France qui souhaitait voir aboutir la création de l'Union monétaire et la RFA qui exigeait en échange cette liberté de mouvements de capitaux.

Sur la base de ces deux instruments juridiques, les vannes ont été grandes ouvertes, y compris pour les mouvements financiers à court terme, souvent spéculatifs, alors même que cela était contraire aux règles établies à Bretton Woods et à la doctrine du FMI.

La consécration de cette politique trouve sa plus éclatante illustration lorsque l'administration Clinton a, en 1999, abrogé l'emblématique Glass-Steagall Act de 1933 qui avait imposé la séparation des activités bancaires de dépôts ou d'investissements. Face à pareil aveuglement et inconséquence, comment ne pas s'interroger sur le lien éventuel de causalité entre ces choix politiques et l'univers d'où viennent (ou retournent) les conseillers économiques des présidents américains, démocrates comme républicains ?

Les responsables politiques français paraissent avoir alors nourri l'espoir, combien illusoire, de faire encadrer cette politique de libéralisation des mouvements de capitaux par le FMI mais c'était sans compter avec Washington qui n'a jamais accepté l'idée d'un transfert de pouvoir à une « bureaucratie internationale ». Pour l'administration américaine, seules sont envisageables l'action unilatérale ou l'approche bilatérale pour la réglementation financière comme pour les accords commerciaux.

Refusant toute immixtion d'une organisation intergouvernementale dans un monde de la finance qui règne sans partage à Londres et à New York, il fallait toutefois démontrer qu'il y avait un arbitre impartial et compétent… à condition qu'il fasse partie de la famille.

Ainsi, quitte à mélanger les genres, ce rôle a été confié à des agences de notation privées « fiables » (S & P, Moody's, Fitch) qui ont été érigées en juges tout en restant juridiquement irresponsables de leurs actes ? Sait-on en effet que ces entreprises sont soumises au régime légal des médias et qu'en conséquence leurs *pronunciamentos* sont considérés comme de simples informations. Ainsi protégées par le Premier amendement, ces agences invulnérables peuvent agir en toute impunité comme ce fut le cas avec la notation de ces titres pourris échafaudés sur les *subprimes* ou pour celle de la banque Lehman Brothers. Qui les a fait rois sinon ceux qui dénoncent cette dérive aujourd'hui… sans avoir, à ce jour, pris d'initiative crédible pour changer cet état de fait.

Les successeurs de Reagan et de Thatcher ont été constants dans leur refus de toute intervention multilatérale en matière financière. Malgré quelques affirmations péremptoires ou dispositions nationales pour donner le change, l'histoire balbutie. Sachant que ce sont les lois du Royaume-Uni et de l'État de New York qui régissent en grande partie les marchés primaire (obligations d'États) ou secondaire (CDS, rachats d'obligations étatiques par des Fonds vautours...), il y a de fortes raisons de penser que les gouvernements américain et britannique feront tout pour préserver leur rôle régulateur et bloquer toute initiative multilatérale susceptible de fragiliser les places de Wall Street et de la City.

Barack Obama continuera à réguler Wall Street à ses conditions et David Cameron ne veut pas entendre parler d'interférence européenne comme vient de le prouver son récent refus d'un nouveau traité européen. Cette stratégie favorable aux intérêts du monde de la finance et des places financières de New York et de Londres n'est pas près d'être modifiée ou abandonnée.

Et que dire des grandes déclarations d'intention faites sur l'éradication des paradis fiscaux quand on sait que les plus importants d'entre eux ont été créés ou tolérés par les pays occidentaux les plus riches, notamment pour accorder des avantages comparatifs à leurs propres entreprises multinationales ?

Qui va payer l'addition ?

Le libre mouvement des capitaux et la maximisation des rendements ont poussé les managers et financiers à rechercher la rentabilité maximale à court terme en entraînant dans la foulée une redoutable « casse » industrielle, et par-delà sociale, dans nos pays.

Les fonds de pension, dirigés par des financiers essentiellement motivés par leurs bonus de fin d'année, ont sans états d'âme participé au sacrifice de salariés de grandes entreprises en favorisant les dépècements ou les délocalisations de pans entiers de l'industrie, quitte à investir dans des entreprises ne respectant aucune norme sociale ou environnementale.

La création incontrôlée de monnaie se traduit aujourd'hui par une invraisemblable circulation de dollars largement déconnectée de la production de biens et produits réels et par la répétition de bulles spéculatives. Elle explique aussi une explosion des prix immobiliers particulièrement favorable à cette génération de propriétaires qui estiment naturel que leur capital augmente de 10 % par an. Dans le même temps, leurs enfants sont davantage confrontés au chômage, à la précarité, à la stagnation des revenus salariaux et en conséquence à un accroissement de leurs difficultés à se loger.

Le mal est hélas ! fait et le prix à payer va être lourd et durable, tout particulièrement pour les classes moyennes qui n'ont aucun moyen de dissimuler leurs revenus. Il le sera sans doute beaucoup moins pour les patrons et les actionnaires d'entreprises industrielles ou financières multinationales qui ont depuis longtemps internationalisé leurs capitaux, maximisé leurs gains et dissimulé leurs profits dans des sociétés-écrans ou des paradis fiscaux, laissant les responsables politiques nationaux impuissants.

Pourra-t-on compter sur les leaders politiques actuels pour changer cet état de fait quand on voit comment certains de leurs prédécesseurs, et non des moindres, américains comme européens, ont dès la fin de leur mandat trouvé le moyen de se recycler dans des conseils d'administration d'entreprises multinationales reconnaissantes ou de participer à de prestigieuses conférences pour y faire des présentations complaisantes, rédigées par des petites mains et payées à coup de dizaines de milliers de dollars ?

Les responsables politiques actuels sont aujourd'hui les victimes d'une donne qu'ils ont eux-mêmes créée et qui les broie. Pour tenter de masquer leur impuissance, d'aucuns trouvent de nouveaux boucs émissaires à jeter en pâture à l'opinion publique, qu'il s'agisse des émigrés, des assistés ou des « fraudeurs » à la Sécurité sociale. Il est évidemment plus aisé de trouver et condamner quelques petits coupables à quelques centaines d'euros que de remettre de l'ordre dans la finance mondiale.

Il faut au plus vite rétablir un véritable dialogue et affronter les problèmes qui se posent à la communauté internationale dans un cadre universel démocratique et rénové.

L'Organisation des Nations unies reste la seule institution à avoir cette légitimité malgré ses faiblesses. Il est regrettable que nos leaders ne songent toujours pas à lui redonner un rôle à sa hauteur. Il est en effet urgent de relancer des négociations indispensables dans ce cadre plutôt que d'organiser d'épisodiques sommets restreints aussi ruineux que vains.

Nous ne pouvons plus continuer à réagir au fil de l'eau sans vision stratégique d'ensemble ou simplement colmater, au fil des crises à répétition, les brèches d'un système économique et financier devenu fou. Il est temps de faire preuve de courage, d'ambition et de solidarité.

À la recherche d'une gouvernance mondiale

Michel Rocard

Aujourd'hui, l'humanité est en danger. Sa survie, à l'échelle de plusieurs générations, est menacée par des problèmes de différents ordres : destruction programmée de la niche écologique ; montée générale d'une violence civile échappant à tout contrôle ; rareté croissante de l'eau potable ; crise du productivisme agricole ; manipulations génétiques potentiellement dangereuses pour notre alimentation ou pour l'espèce humaine elle-même ; émergence volcanique d'une mutation informationnelle qui bouscule toutes les formes d'organisation, de structure ou d'autorité dans les sociétés humaines ; réduction croissante des relations humaines à ce qui est monétairement quantifiable et potentiellement générateur de profit.

L'inculture et l'inconscience de l'écrasante majorité des dirigeants politiques, des journalistes et des commentateurs sont responsables de la quasi-absence de ces sujets dans les débats politiques actuels. Notons également l'absence encore plus évidente de tout levier institutionnel satisfaisant pour provoquer ou prendre des décisions. Le pouvoir global, celui des Nations unies, est paralysé par le veto au Conseil de sécurité, et par l'émiettement des voies à l'Assemblée générale. À l'échelle du monde – la seule pertinente de nos jours –, les seuls pouvoirs partiels à disposer d'un peu de puissance (le Fonds monétaire international, la Banque mondiale, l'Organisation mondiale du commerce) maintiennent et défendent le modèle productif aujourd'hui en crise au lieu de provoquer et contribuer à son évolution. La réalité du pouvoir d'édicter des normes demeure entre les mains des États nations, actuellement au nombre de 193 à l'Onu. Chacun est maître chez soi, de la plus grande puissance mondiale au plus modeste État. Ceci représente la plus grande entrave à la lutte contre la criminalité internationale et contre le blanchiment d'argent maffieux. Si le rêve de voir, à court terme, le monde se doter de règles de gouvernance acceptées et sanctionnées semble hors de portée, un autre espoir semble, lui, plus probable. Nous pouvons nous attendre à voir un certain nombre de problèmes sectoriels réglés grâce à des accords et traités spécifiques créant chacun leur propre dispositif de surveillance et de sanction. Ainsi, le Traité sur la non-prolifération des armes nucléaires a mis en place des moyens de surveillance qui permettent le recours à des sanctions allant du refus de fourniture et de coopération jusqu'à la saisine du Conseil de sécurité. Toutefois, rares sont les dispositifs internationaux dotés d'un appareil coercitif de cette importance.

Dans ces conditions, la recherche d'une gouvernance mondiale plus performante exige une action continue dans deux directions.

La première est celle de la négociation et de l'adoption de traités ou de conventions mettant en place des systèmes de surveillance et d'intervention dotés de dispositifs de sanction. Tel est l'enjeu des « négociations sur l'atmosphère », succédant aux conférences de Kyoto, Copenhague, Cancun et Durban ; tel est l'enjeu des travaux du politologue et économiste italien Ricardo Petrella tendant à un « contrat mondial de l'eau ». Tel fut encore l'enjeu, lui aussi abandonné depuis, de deux déclarations des présidents Obama et Medvedev énonçant l'espoir d'un monde débarrassé d'armes nucléaires. Dans tous ces domaines, qui sont innombrables, il est nécessaire de devancer les chancelleries en faisant progresser l'analyse des données, l'esquisse des mesures possibles, l'évaluation des intérêts en jeu, et la proposition sous forme juridique des éléments d'accords possibles.

L'autre direction que doit prendre notre action et à laquelle nous ne saurions échapper est celle de la prise de conscience par l'opinion mondiale de l'importance de ces enjeux *via* la mise à disposition de l'expertise existante. Livres, articles, commentaires d'événements divers tels que les conflits, les accidents écologiques, les crises financières, résultats de recherches scientifiques, ou épidémies, interventions de dirigeants politiques : tout cela doit attirer l'attention des gouvernements, des parlementaires, des journalistes et, enfin, de l'opinion tout entière.

Le débat public et la culture de base de l'opinion doivent évoluer dans plusieurs voies, afin qu'ils sortent de la simplicité dramatisante et de l'immédiateté dans lesquelles les médias les confinent par leurs pratiques actuelles.

La première de ces voies – sans doute, la plus fondamentale – est *le sens de la durée*. On ne comprend les risques écologiques qu'à condition de raisonner par demi-siècle. À cela, s'ajoute *le sens du complexe*. Dans la sous-culture contemporaine, tout drame doit avoir un coupable : on cherche alors une cause unique et bien souvent même un bouc émissaire. Or les drames écologiques, épidémiologiques, voire même les conflits, sont le produit de systèmes complexes où interagissent de multiples événements, et il est vain de prétendre comprendre ce qui se passe si on ne les appréhende pas dans leur ensemble. Il n'y a de vraie culture que du complexe et c'est ce que le discours politique devrait prendre en charge. La troisième direction essentielle est *le sens du global.* Si nous pouvons aisément la comprendre car il est évident que ni la pollution ni les épidémies ne connaissent de frontières ou que n'importe quel conflit suppose une alimentation en armes fournies par l'extérieur, la pesanteur tient ici quasi exclusivement du système médiatique dont la relation avec sa clientèle est largement fondée sur l'effet de proximité. Enfin, la dernière voie est celle du *sens de la progressivité,* qui s'apparente à la durée mais sans s'y limiter. Il n'implique pas seulement le temps mais l'absence de rupture brutale. En d'autres termes, la bonne gouvernance ne se limite pas à de bonnes règles, elle exige de bonnes pratiques et de bonnes routines. Le XIXe siècle et une partie du XXe siècle ont vu l'essentiel de la critique politique nourrir des espérances révolutionnaires. Or, aujourd'hui, non seulement les États ont puissamment resserré l'étau et la distribution des armes ne permet plus de caresser de tels rêves, mais, en outre, l'humanité contemporaine découvre que le bilan de tels aventures est presque toujours cruellement négatif : Viet Nam, Cuba, Algérie, etc. Cependant, en réponse aux dysfonctionnements de la planète, une nouvelle militance émerge, celle des ONG. Largement pénétrées de ce constat, leurs actions visent précisément des mesures concrètes susceptibles de faire évoluer les systèmes, plutôt que d'envisager un improbable renversement du système. Le plus bel exemple est celui de la « Convention mondiale interdisant les mines terrestres », adoptée à Ottawa en 1997, largement sous la pression des ONG. Cette culture n'est malheureusement pas encore celle de la majorité des jeunes générations militantes, trop souvent entravées par un radicalisme stérile ou par une vision étroitement nationale sans parler de la violence destructrice dont elles sont parfois les acteurs.

Si les grandes puissances arrivent le plus souvent à empêcher la contagion régionale des conflits et à éviter que des victoires locales excessives ne changent les équilibres stratégiques (Corée, Iran-Irak, Inde-Pakistan avant l'arme nucléaire, Israël-États arabes, Equateur-Pérou, voire Malouines), la quasi-disparition des guerres internationales classiques s'accompagne dangereusement d'une recrudescence de la violence incontrôlée. Si le champ des guerres asymétriques semble s'être réduit après les victoires de Cuba, de l'Algérie, du Viet Nam et de l'Afghanistan, celui des conflits identitaires ou simplement ethniques n'en finit pas de s'étendre. En outre, la contagion se fait entre les conflits comportant une dimension politique ou sociale et la grande criminalité organisée. On estime le chiffre d'affaires de cette dernière à 8 ou 9 % du produit brut mondial (environ deux fois celui de la France). Les trafiquants cumulent souvent des activités liées à la drogue et aux armes et l'argent de la drogue sert souvent de support à l'organisation, dans les grandes villes, de bandes délinquantes.

Je voudrais formuler l'hypothèse que derrière ces violences si différentes, de l'Irlande du Nord aux bandes de Los Angeles en passant par l'ex-Yougoslavie, le Sri Lanka et la Tchétchénie, sans oublier le génocide rwandais ni les talibans, il existe un dénominateur commun, d'importance variable mais jamais absent : la perte de repères identitaires. La rapidité de développement de la société de l'information avec ce qu'elle a d'uniformisant a sa part de responsabilité dans ces crises. Que cette hypothèse soit vraie ou fausse, nous constatons que personne ne peut faire de pronostic sur une diminution ou même une stabilisation de cette violence, qu'il s'agisse de la jeunesse occidentale, de la stabilisation interethnique de l'Afrique ou du respect des frontières dans l'ex-empire soviétique ou seulement dans la fédération russe. Que ce soit, par exemple, au Mexique (3 000 morts en deux ans dans le nord du pays) mais aussi en matière de piraterie maritime internationale, on observe une forte augmentation des forces rassemblées et des moyens utilisés, de plus en plus militaires, au service d'une conflictualité majeure qui s'apparente à celle de la guerre.

Il est urgent d'intégrer une prospective de la violence aux réflexions sur la gouvernance mondiale. Une prise de conscience est incontestablement en train de naître, avec la référence aux Droits de l'homme comme principal appui. Si l'on se réjouit du fait que le judiciaire progresse beaucoup plus vite que le politique, on se désole cependant de ne pas voir émerger une analyse globale et des mesures coordonnées. La petite communauté de chercheurs, d'intellectuels, de responsables politiques et de militants qui réfléchit et agit sur ces problèmes de gouvernance mondiale devrait pouvoir dans les meilleurs délais se mettre d'accord sur deux catégories d'objectifs :

– la première concerne le choix des domaines où la conscience de l'opinion publique mondiale est assez aboutie pour permettre d'ouvrir et de mener à terme des négociations tendant à établir des conventions mondiales opérationnelles. Les domaines les plus porteurs actuellement paraissent être l'effet de serre, l'eau potable, les armes légères, et la création d'un droit d'ingérence en

matière de droit de l'homme à partir de la mise en place du Tribunal pénal international ;
– la seconde catégorie concerne la réflexion globale sur les principes fondateurs qui devraient être ceux de la gouvernance mondiale. Même si l'espoir de les voir reconnus dans un avenir proche est faible, ces principes doivent commencer à être débattus et à faire l'objet de l'offensive pédagogique évoquée ci-dessus.

Le Collegium international, éthique, politique et scientifique s'attèle à cette tâche en perfectionnant son projet de *Déclaration universelle d'interdépendance*. Parallèlement, les éléments rassemblés par un certain nombre de responsables sur une initiative de « L'Alliance pour un monde responsable et solidaire » me paraissent aussi à cet égard constituer une excellente ouverture du débat. La clé de toute amélioration de la gouvernance mondiale tient en un constat simple et évident : toute société doit être soumise à des règles, faute de quoi elle sera soumise au règne de la force brute. Le monde est devenu une société unifiée, mais qu'aucune règle ne régit. Il faut donc asseoir une double légitimité : celle de la règle de droit comme principe d'organisation et celle du système d'organes ou d'institutions pouvant édicter ces règles ou ces normes.

Bien qu'il arrive à certains États de discuter le détail des règles proposées, voire même de refuser parfois de les adopter plutôt que de se voir imposer des normes jugées défavorables à leur encontre, la plupart d'entre eux, grands ou petits, acceptent le plus souvent ces principes. À l'exception toutefois des États-Unis dont la culture collective ne s'accommode pas de ces principes. Fréquemment, les États-Unis signent des traités qu'ils ne ratifient pas (citons par exemple Versailles, Kyoto ou encore l'accord de 1997 avec la fédération de Russie sur l'héritage de l'ex-URSS en matière de diplomatie nucléaire), ils s'accordent un droit permanent de prendre des décisions unilatérales en matière de règles commerciales et cherchent même actuellement à se délier unilatéralement du traité de 1972 sur les systèmes de défense antimissiles. Aujourd'hui, une question cruciale se pose pour la gouvernance mondiale : l'immense puissance des États-Unis va-t-elle œuvrer pour ses seuls intérêts ou va-t-elle se mettre au service de la promotion de règles mondiales qui dès lors la concerneraient également ? La seconde réponse implique un changement national de culture. S'agissant d'une grande démocratie, des forces intestines importantes sont déjà à l'œuvre dans ce sens. Assurer leur triomphe pour construire le noyau central d'une solidarité des forces mondiales soucieuses d'un état de droit dans le monde est sans doute l'objectif le plus important de la période. Toutes les considérations précédentes aussi essentielles qu'elles soient sont de l'ordre de la prise de conscience. Il est maintenant décisif de leur chercher des points d'application dans l'ordre de la décision, dans l'ordre de l'institutionnel.

Nous sommes entrés dans le XXIe siècle depuis onze ans et toutes les négociations internationales engagées au titre de ce siècle ont échoué ! Prenons l'exemple des négociations dites « du cycle de Doha », effectuées sous l'égide de l'OMC en vue d'une amélioration des conditions du commerce international. Nous en sommes au cinquième échec de conférence mondiale. Alors qu'un espoir de paix entre Israël et la Palestine s'était esquissé à Oslo à la fin du XXe siècle, le XXIe siècle voit la communauté internationale regarder sans intervenir la détérioration méthodique et à peu près définitive de cette hypothèse. Nous avons tous une joie civique profonde à entendre les présidents Obama et Medvedev nous dire ensemble à deux reprises – c'est inouï ! – qu'ils rêvaient d'un monde où l'arme nucléaire serait éradiquée. Ce rêve aurait pu voir le jour lors de la conférence quinquennale d'examen du Traité de non-prolifération nucléaire, qui s'est déroulée à New York, en 2010, mais la montagne n'a même pas accouché d'une souris. Nouvel échec. De même la conférence de Copenhague sur le climat n'a pas généralisé le système des quotas.

Se pose alors la question de mettre sérieusement en cause les mécanismes des conférences de consensus par lesquels les grandes nations se complaisent à court-circuiter toute décision. La Charte de l'Onu prévoit des mécanismes de décision qui ne sont pas des mécanismes de consensus. À l'Onu, on vote. À l'Assemblée générale, il n'y a pas de veto. Et là où il y a un veto, c'est que l'on a voté, et qu'une majorité de décision sont possibles.

Il est évident et urgent de réfléchir et, surtout, d'accepter l'idée que revenir à des mécanismes où l'on décide et où l'on s'oppose devient possible. Pour cela, il nous faudra une légitimité. Il est temps de soumettre à l'opinion publique mondiale et aux chefs de gouvernements l'idée que l'Assemblée générale de l'Onu devrait elle-même voter le constat de notre interdépendance. Après avoir reconnu que l'absolutisme des souverainetés nationales peut bloquer tout progrès de l'humanité pour préserver un intérêt national, l'humanité marchera enfin dans la bonne direction.

Le temps est venu de mettre au point un système de décision, de chercher des chefs de gouvernements qui, à travers le monde, seront capables de mener le combat pour dire à l'Assemblée générale des Nations unies : le temps est venu que nous acceptions des mesures contraignantes qui limitent notre souveraineté.

Pour une gouvernance de la communauté de destins

Edgar Morin

Nos sociétés sont marquées par une double ambivalence. La première concerne le processus de mondialisation dans lequel nous sommes emportés. D'un côté, il ouvre une voie de salut pour l'humanité en créant une interdépendance croissante entre tous les peuples de la planète. Face à des problèmes fondamentaux identiques, les humains sont liés en effet par une communauté de destin, même si, aujourd'hui, seule une petite minorité en est consciente. Il serait alors judicieux de créer à partir de cette communauté de destin des instances planétaires, qui, sans nier les nations et les patries, mais au contraire en les intégrant, nous permette d'accéder à ce que j'ai pu appeler la « Terre-Patrie ».

Si cette mondialisation ouvre la voie du salut, elle ouvre également celle de la perdition. En effet, les moteurs de cette mondialisation – sciences, techniques, économie, profit – portent en eux les germes de la catastrophe. La science a créé l'arme nucléaire, qui se multiplie ; la technique et l'économie associées conduisent à des processus de dégradation de la biosphère, peut-être déjà irréversibles et contre lesquels aucun remède n'a encore été mis au point. Cet entremêlement de perturbations converge vers un point dont nous ne pouvons aujourd'hui fixer ni la date ni la forme.

Mais, paradoxalement, cette perdition peut œuvrer en faveur du salut. Davantage nous prendrons conscience des périls dans lesquels nous sommes entraînés, davantage nous pourrons réagir et trouver l'énergie de combattre – citons par exemple le début de prise de conscience engendrée par le drame de Fukushima. Comme le disait Hölderlin dans *Patmos* : « Là où croît le péril, croît aussi ce qui sauve. »

La seconde ambivalence, ou polyambivalence, concerne notre processus de développement, de croissance et d'occidentalisation.

Les pauvres ont accédé aux statuts de classe moyenne à l'occidentale, avec tous les avantages culturels qui y sont liés. Parmi ces derniers, citons l'émancipation des jeunes générations à l'égard de la toute-puissance des anciens ; le mouvement d'émancipation des femmes, qui ont pu acquérir un certain nombre de libertés ; le processus d'ouverture culturelle, associé, bien entendu, aux intoxications de notre civilisation occidentale – comme l'empoisonnement automobile ou les attitudes consuméristes. Mais dans le même temps, nous assistons à une extension extraordinaire de la misère. Majid Rahnema disait très justement que le processus de mondialisation transforme la pauvreté en misère[1].

Un petit paysan avec son lopin de terre, ses animaux et sa polyculture peut conserver un minimum de dignité humaine. Mais quand ces mêmes paysans sont expulsés massivement de leur terre – le processus mondial étant un processus d'urbanisation effrénée –, ils sont rejetés dans des bidonvilles. Commence alors un processus de prolétarisation contre lequel seule la solidarité constitue un barrage. Dans les sociétés où les solidarités traditionnelles sont maintenues, cette solidarité s'exprime à travers la grande famille – de nombreux frères et sœurs, donc de nombreux oncles et cousins –, ou à travers le voisinage. Cette entraide empêche les populations des bidonvilles de sombrer dans la misère. Or, quand la famille se réduit, quand les solidarités se disloquent, que reste-t-il ?

1. *Quand la misère chasse la pauvreté*, Actes Sud, 2003.

Voilà le nouveau paradoxe. Si l'occidentalisation favorise l'individualisme au sens le plus noble du terme, c'est-à-dire l'autonomie individuelle et la prise de responsabilité personnelle, elle développe en même temps l'égocentrisme, l'égoïsme, ainsi que la dégradation des solidarités traditionnelles. Dans nos pays européens, ces solidarités perdurent sous des formes institutionnelles et empêchent la pauvreté de devenir misère. En revanche, dans les nombreux pays où ces institutions n'existent pas, la misère gagne chaque jour du terrain.

Aujourd'hui, il est temps de s'interroger sur les actions à mener pour dépasser ces ambivalences de la mondialisation et du développement.

D'aucuns s'exclament : « Démondialisons, sauvegardons nos industries nationales, nos agricultures locales, nos autonomies locales ! » Il faut refuser, selon moi, ce type d'alternatives et affirmer : « Mondialisons et démondialisons ! » Par « mondialiser », j'entends soutenir et poursuivre les actions qui créent de l'intersolidarité, qui créent et développent une culture mondiale, nourrie des fruits des diverses et multiples cultures de la planète. Mais il faut « démondialiser », c'est-à-dire empêcher que le local soit ignoré. On assiste aujourd'hui à la désertification des campagnes. Dans les villages, on ne trouve plus ni bistrot, ni épicerie, ni boulangerie parce que les grandes surfaces occupent toutes les fonctions commerciales. Pour contrer cette hégémonie, il est vital de développer l'alimentation de proximité, de sauvegarder les artisanats, mais également de dynamiser la vitalité locale, en y développant par exemple la démocratie participative dont certaines villes du Brésil s'en sont fait les chantres. Le local et le régional doivent être protégés, parfois par des mesures de protections douanières, qui peuvent être temporaires. Pour réussir dans cette voie, les doubles sens sont inévitables : mondialiser/démondialiser, mais aussi développer/envelopper.

Il est certain que tout ce qui est positif dans le développement doit être conservé – les avantages de la médecine occidentale, les antibiotiques, à condition évidemment que les industries pharmaceutiques ne monopolisent pas, par leurs brevets, la possibilité de soigner les populations les plus pauvres... Mais ces améliorations incontestables doivent se combiner avec l'enveloppement, afin que les gens puissent rester enveloppés dans leurs cultures, dans leur communauté, dans leur solidarité. Ainsi, si nous reprenons l'exemple de la médecine, il faut envisager la symbiose des différentes médecines, telles que les médecines locales, régionales, et les grandes médecines millénaires comme celles de Chine ou d'Inde. L'autonomie individuelle doit s'accorder avec l'épanouissement dans une communauté.

Nous devons effectuer la jonction de deux notions apparemment antagonistes à la pensée binaire : croissance et décroissance. À la polémique des uns – « Il faut croître ! » – et des autres – « Non, il faut décroître ! » –, interrogeons-nous sur l'essence des choses : Qu'est-ce qui doit croître, et qu'est ce qui doit décroître ?

Nous savons tous ce qui doit décroître : des énergies polluantes qui vont se raréfier et devenir de plus en plus chères ; une consommation de produits aux qualités illusoires et mythologiques, encouragée par une publicité consumériste, et qui prétendent donner beauté, jeunesse et santé ; une agriculture intensive et un élevage industrialisé dont les maux sont plus importants que les bienfaits. Cette décroissance doit se faire au profit de différents domaines : une économie d'énergies renouvelables ; une alimentation de qualité, fermière ou écologique ; une économie juste, dont le meilleur exemple reste les commerces équitables qui détruisent les intermédiaires prédateurs – et je ne parle pas seulement du café et du cacao des contrées lointaines, qui sont consommés ici, mais des relations directes entre producteurs, maraîchers et consommateurs urbains, comme celles mises en place par les Amap[1].

La solution ne se trouve donc pas dans la croissance ou dans la décroissance, mais dans la combinaison de ces deux composantes. L'économie sociale et solidaire – les mutuelles, les coopératives... – a pris un nouvel essor ; en témoigne la tenue à Paris, en juin 2011, de leurs états généraux. Ces perspectives sont de nature à rejeter l'économie vouée au seul profit, et à proposer d'autres alternatives. Ainsi l'économie verte ne peut se limiter aux énergies, elle concerne également les grands travaux urbains nécessaires pour créer des parkings autour des mégapoles, afin que les habitants des banlieues puissent utiliser les transports publics des villes.

Ce qui était conçu comme « développement » doit être intégré dans ce que j'appellerais « une politique de l'humanité », dont le but serait, comme cela se passe encore aujourd'hui, non pas d'imposer un modèle standard à des cultures extrêmement différentes les unes des autres, mais de viser la symbiose entre le meilleur de chaque culture et le meilleur de ce que peut apporter l'Occident dit « développé ». Ainsi, nous unirions les idées de

1. Association pour le maintien d'une agriculture paysanne. Voir le site Internet www.reseau-amap.org

démocratie, de droits des femmes, de droits de l'homme, aux principes de solidarité, d'intégration au sein de la nature (alors que nous découvrons péniblement le problème écologique) et de respect des anciens (alors que, dans notre propre société, les familles envoient leurs vieux dans des sortes de mouroirs pudiquement appelés « maisons de retraites »).

La nouvelle orientation politique ne doit pas détruire la politique traditionnelle mais la dépasser. Comprenons le mot « dépassement » dans son sens hégélien, c'est-à-dire où l'on intègre ce qui doit être conservé de l'ancien pour le dépasser dans quelque chose de nouveau. Cela sous-entend des réformes multiples dans tous les domaines, aussi bien l'économie, la structure sociale, la corruption, la justice elle-même. Tout est à réformer, à changer, y compris notre mode de vie. Nous avons perdu le sens de la qualité de la vie, de la poésie de la vie, qui est l'impératif premier, car la poésie est tout ce qui nous exalte, tout ce qui nous fait communier, tout ce qui nous fait nous émerveiller, tout ce qui nous fait aimer.

Parmi cette multiplicité de voies nouvelles à ouvrir, se trouvent celles de la connaissance et de la pensée. Notre formation s'organise autour de disciplines hermétiques les unes aux autres, et produit ainsi des experts performants dans leurs domaines, mais incapables de concevoir des problèmes fondamentaux et globaux. Aujourd'hui, une pensée pluridisciplinaire est indispensable pour relier les connaissances les unes aux autres. Du fait de la complexité des problèmes actuels – *complexus*, signifiant « tissé ensemble » –, il faut réapprendre à pratiquer une pensée de la reliance. La mondialisation est typiquement un processus dans lequel les éléments de la réalité humaine sont en interaction. En dépit de la prolifération gigantesque des connaissances, une réforme fondamentale de l'éducation, donc de la pensée actuelle, est essentielle, car cette dernière instruit une pensée qui nous rend myopes, voire même aveugles. Cette réforme de l'esprit inclurait également la capacité – et là est la complexité – de penser les antinomies, les contradictions. Tour à tour, Héraclite d'Éphèse, l'un des plus anciens philosophes de l'Antiquité grecque, Hegel, puis Heidegger estimaient que « la pensée doit mettre ensemble des idées contraires ».

Ces changements peuvent conduire à la réforme la plus difficile, celle de la pensée politique, singulièrement vide dans les temps actuels. Si, comme je le pense, la voie que nous suivons conduit à des catastrophes, on ne peut en changer brutalement. Il faut que s'élaborent de nouveaux axes. Les grands changements historiques ont commencé par des déviances parfois individuelles comme celles du Bouddha, de Jésus, de Mahomet, ou par la science moderne aidée de quelques esprits – Descartes, Galilée, Bacon – avant de devenir une force formidable dans la société. Le capitalisme lui-même n'était qu'un petit parasite du monde féodal, et le socialisme est né dans quelques esprits complètement ignorés et méprisés par l'intelligentsia et l'Université de l'époque. Tout commence toujours de façon minoritaire, mais à un moment donné, quand cela correspond à des besoins, à des nécessités, les processus s'amplifient et s'accélèrent. Apparaît alors la possibilité que les différentes voies réformatrices convergent comme des ruisseaux pour former des rivières, qui elles-mêmes convergent pour former un grand fleuve et constituer une nouvelle voie qui rendra la précédente obsolète. Bien souvent, ces processus ne se passent pas dans l'harmonie, il faut traverser des phases dramatiques et tragiques.

Quand un système n'est pas capable de traiter ses problèmes vitaux et fondamentaux, que se passe-t-il ? Deux solutions : ce système se décompose, ou régresse, et sa barbarie s'accentue ; ou il essaie de se réformer, mais face à l'ampleur des transformations nécessaires, il ne parvient à réaliser qu'une addition de petites réformes. Quand un système ne peut pas résoudre ses problèmes fondamentaux, il peut se métamorphoser, c'est-à-dire extraire de son sein un métasystème plus riche. Force est de constater que le système Terre, aujourd'hui, ne peut traiter aucun de ses problèmes vitaux : ni les famines, ni les problèmes économiques, ni les menace de guerre nucléaire, ni le fanatisme ethno-religieux, ni même la domination du capitalisme spéculatif financier qui fait trembler les États. Il est condamné à mort ou condamné à la métamorphose. Celle-ci ne peut pas naître immédiatement, elle sera le fruit d'un processus historique. Si ce processus historique est envisageable – actuellement, même s'il est peu probable, il reste possible, et souvent l'improbable est arrivé dans l'Histoire –, nous pouvons penser que les forces salutaires créées par la mondialisation pourront devenir fécondes. Nous pouvons donc continuer d'espérer.

La gouvernance mondiale au XXIe siècle

Michael W. Doyle

La gouvernance mondiale est aujourd'hui l'exemple même des défis qui remettent en cause la façon dont est gérée la planète et ont pour enjeu la durabilité de la société industrielle et la survie des peuples.

Nous sommes confrontés au changement climatique : à cet égard, les scénarios de l'inertie, du *business as usual,* nous mènent à un environnement mondial qui est insoutenable à long terme et dont les conséquences les plus immédiates et terribles vont frapper les pays les moins préparés à les gérer.

Face au problème des armes de destruction massive, nous n'avons pas de mesures efficaces, et qui satisfassent, notamment, les aspirations légitimes de ceux qui désirent accéder à la technologie et à l'énergie de l'atome. Il y a ici conjonction entre le danger de la prolifération nucléaire et le refus des puissances nucléaires existantes d'élaborer une stratégie pour réduire progressivement le rôle de la domination atomique dans la sécurité internationale.

Nous vivons dans un monde dangereux, où la sécurité, autrefois assurée par les États, est aujourd'hui menacée par les actes terroristes de groupes privés, armés de technologies toujours plus effroyables. Et il faut régler ce problème sans détruire les libertés civiles, qui sont souvent la cible de ces organisations terroristes.

Nous constatons l'échec du « cycle de Doha », qui révèle l'incapacité des gouvernements à se mettre d'accord sur un système commercial propice au type de développement nécessaire pour réduire la pauvreté mondiale.

Ces défis, et tant d'autres auxquels nous faisons face, n'exigent pas seulement des réformes institutionnelles et l'émergence de nouvelles formes de *leadership*, mais elles requièrent aussi une autre façon de penser et d'aborder les problèmes mondiaux et l'ampleur de nos responsabilités de citoyens.

Les trois problèmes fondamentaux de la gouvernance mondiale

Les échecs des marchés mondiaux. Si efficaces que puissent être parfois les marchés privés pour satisfaire la demande effective par une offre suffisante, ils ne s'attaquent pas suffisamment aux externalités qui sont de nature publique et mondiale. Par conséquent, ils créent des maux publics mondiaux et non des biens publics mondiaux.

Les échecs de la souveraineté. S'ils peuvent quelquefois faire régner un ordre légitime dans leur pays, les États souverains n'abordent pas comme il conviendrait les problèmes transfrontières : trop souvent, l'indifférence et l'absence d'un corps civique mondial s'associent pour exclure les solutions collectives aux problèmes communs.

Les échecs de la gestion intergouvernementale. Malgré l'importance de l'action collective, les institutions intergouvernementales n'ont ni l'autorité, ni la vision, ni l'expertise, ni les ressources nécessaires pour gouverner le monde.

Dans les trois cas, il y a, au fond, échec de l'imagination, de la volonté politique, et notamment refus de repenser les bases de l'ordre international et les responsabilités qu'elles impliquent.

Le nouveau contexte

Ce qui est nouveau dans les crises actuelles, c'est un contexte mondial marqué par une interdépendance radicalement accrue, entre les pays comme entre les problèmes. C'est l'univers de la mondialisation. Celle-ci s'accompagne au niveau national de l'expansion de la démocratie, qui suscite l'espoir que les populations puissent s'exprimer et être entendues à tous les niveaux. Et elle a lieu dans le sillage de l'essor de nouveaux centres de pouvoir industriel et financier, en Asie notamment, qui ne jouent pas de rôle à leur mesure dans les institutions et les pratiques mondiales, établies, pour la plupart, en 1945.

Par conséquent, dans trop de domaines, la gouvernance mondiale actuelle est inapte à fixer des normes, assure mal la coordination et la coopération, s'enraye quand il faut faire respecter des règles et échappe à tout examen public adéquat.

Le problème n'est pas que la gouvernance mondiale n'existe pas. Elle opère aux niveaux national, régional et mondial. Elle apporte des solutions, publiques, publiques-privées et privées. Certaines sont efficaces. Par exemple le droit de la mer, où il existe un ensemble de règles acceptées et respectées par les principales parties intéressées. Dans le domaine de la santé, l'OMS sert de forum efficace pour la gestion de l'épidémie du SRAS (syndrome respiratoire aigu sévère) ; des partenariats public-privé, parmi lesquels le Fonds mondial de lutte contre le sida, la tuberculose et le paludisme, assurent un accès toujours plus large aux antiviraux ; et des organisations privées de la société civile comme le Rotary International ont apporté des contributions majeures à la gouvernance mondiale – notamment, en matière de santé, l'éradication de la polio. Nous ne disons pas ici que les soins médicaux sont aujourd'hui exhaustifs sur l'ensemble de la planète, mais l'on peut noter quelques progrès. Certaines organisations privées ont même résolu directement des problèmes de coordination qui, par leur nature même, auraient dû relever d'un accord intergouvernemental. Pensons à la gestion d'Internet par l'Icann ; et au rôle joué par des acteurs privés dans la surveillance de certaines évolutions et l'établissement des normes (ISO, etc.).

Quand nous regardons l'avenir, la gouvernance mondiale nous apparaît moins comme un problème de conception technique que comme un défi politique. Les défis politiques nécessitent des institutions efficaces à la fois pour élaborer des stratégies et pour lever des ressources. Elles doivent être légitimes aux yeux de ceux qui sont touchés par leur action. C'est une question d'arbitrage, nous le comprenons. Parfois, l'efficacité exige une gestion en petit comité, ce qui peut assourdir la voix de ceux qui demandent à être entendus ; dans d'autres cas, en revanche, une gestion efficace ne pourra se concrétiser qu'avec le soutien volontaire de toutes les parties concernées. La façon même de comprendre les problèmes auxquels nous faisons face peut être un enjeu politique. Un consensus mondial est en voie d'émergence dans certains domaines, mais dans beaucoup d'autres la définition du problème est une source de conflit entre les pays et au sein des pays, où les élites et les masses voient les choses différemment.

De ce point de vue, un aspect crucial de l'échec de la gouvernance mondiale aujourd'hui apparaît clairement : trop de gens dans le monde n'ont pas de droits adéquats ; on n'entend pas leurs voix, on ne sert pas leurs objectifs.

Les actions à mener

Face aux crises de la gouvernance mondiale, les solutions doivent tenter d'intégrer les principes du dialogue authentique. Il faut une meilleure information, à la fois pour établir des normes et pour identifier les failles dans la responsabilité des institutions et le contrôle sur leur action. Le *leadership* doit réunir la volonté politique, la vision, l'intelligence stratégique, le savoir et les ressources adéquates.

En pratique, cela signifie que les solutions doivent être flexibles et d'une dimension adaptée aux contours particuliers du problème. Il est inutile de résoudre au niveau d'une région du monde des problèmes que l'on peut régler au niveau national ; et l'on peut substituer des solutions régionales à des solutions mondiales difficiles à concrétiser.

Quelques exemples

Les institutions existantes et de nouveaux forums doivent encourager un *leadership* plus extraverti, venu de l'extérieur du cercle des pouvoirs établis. Pour être efficace, ce *leadership* doit prendre des engagements explicites. Il nous faut un vivier mondial de pays qui pensent à l'intérêt général des communaux mondiaux et sont prêts à sacrifier partiellement leur intérêt personnel pour s'engager en faveur des biens mondiaux.

Nous avons besoin d'un cadre au sein duquel l'information savante, quand elle existe, se mobilise pour mieux définir les nombreux facteurs en jeu et proposer sur cette base des stratégies cohérentes, comme le fait le Groupe intergouvernemental d'experts sur l'évolution du climat (GIEC). Mais, puisque la communauté scientifique est parfois divisée et que les solutions techniques peuvent cacher une définition réductionniste du problème, il nous faut aussi un cadre de délibération et de contestation faisant place à des voix que l'on a trop longtemps exclues de la prise de décision publique mondiale. Ici, le défi consiste tant à formuler de meilleures pratiques qu'à les contester, de façon à rendre possible la poursuite de l'expérimentation au lieu de la clore prématurément.

Des partenariats public-privé devront exploiter les synergies entre l'autorité et la réglementation publiques, d'une part, l'esprit d'entreprise et les ressources privées, de l'autre. C'est ainsi que l'on pourra apporter à des problèmes graves et massifs des solutions financièrement solides. Le changement climatique, par exemple, nécessite des centaines de milliards de dollars d'investissements nouveaux, et nous ne pouvons en attendre des budgets publics qu'une petite fraction. Rien ne se passera sans une législation publique instaurant un cadre qui encourage l'innovation et assigne les responsabilités.

Nous devons réformer les institutions internationales existantes, non pour elles-mêmes mais pour faire en sorte que des revendications mondiales authentiques soient mieux satisfaites. Par exemple, outre de nouveaux volontaires disposés à les diriger, les efforts de règlement des conflits et de maintien de la paix exigent des institutions régionales plus fortes et des institutions mondiales plus réactives. Il nous faut un Conseil de sécurité de l'Onu qui reflète mieux le XXIe siècle, car il sera ainsi plus légitime et plus à même d'inspirer le respect et de mobiliser les ressources nécessaires pour rétablir et maintenir la paix. Sur les deux plans, on pense immédiatement au conflit dévastateur qui ravage la République démocratique du Congo, effroyable illustration de la non-réforme de la gouvernance mondiale.

Afin d'offrir à tous les pays, petits et grands, un forum où ils pourront débattre sincèrement et fixer des normes, l'Assemblée générale de l'Onu doit subir une révision radicale qui l'éloigne du dialogue de sourds et la rapproche du dialogue où l'on écoute autant qu'on parle, où l'on aborde les sujets même les plus controversés et où l'on porte des jugements cohérents et utiles. Les migrations, par exemple, constituent un problème dont les implications mondiales, tant politiques qu'économiques, exigent de repenser à neuf qui contrôle les frontières et dans quels intérêts.

Si l'action mondiale peut être plus ou moins délibérative et responsable, elle est en tout cas vraiment nécessaire et restera insuffisante sans ressources supplémentaires. Celles-ci peuvent venir de partenariats, d'une fiscalité internationale et d'autres formes innovantes de solutions et de financements de marché, conçus en fonction de chaque crise particulière et pour satisfaire des besoins réels définis à l'échelle qu'exige la dimension du problème.

Dernier point, mais non des moindres : l'absence aujourd'hui évidente d'une gestion des crises financières au niveau mondial. Cette gestion de crise doit intervenir beaucoup plus tôt. Elle doit intégrer les principales parties intéressées pour mieux comprendre ce qui se passe et mieux agir. Si imparfaites soient-elles, les solutions applicables à un stade précoce valent mieux que celles qui ne seront judicieuses qu'après coup. La crise financière mondiale qui secoue le monde risque fort d'évoluer vers les politiques dites « dépouille ton prochain », comme l'ont fait les crises financières du début des années 1930 qui ont déclenché la dépression mondiale de toute la décennie. Dans le cadre de ces efforts, il faut restructurer des institutions comme le FMI et l'OMC pour que les nouveaux acteurs y soient mieux représentés. Il faut aussi repenser les lois, réglementations et forums existants pour qu'ils reflètent des idées adaptées à l'environnement très mondialisé dans lequel nous vivons.

Comment gouverner au niveau mondial

Il existe deux stratégies de gouvernance ou modes de coopération cruciaux. La première est l'approche principal-agent. La seconde, la coordination en réseau.

L'approche principal-agent. Ce modèle conçoit la gouvernance comme délégation de pouvoir d'un principal (propriétaire), qui cède son autorité politique et ses ressources à un agent en vue d'un objectif particulier. Cette délégation de pouvoir confère à l'agent légitimité et efficacité, et le principal le surveille ensuite pour s'assurer qu'il s'exécute. C'est le modèle générique traditionnel sur lequel les États créent des institutions intergouvernementales, telle l'Onu. Le mandat et la capacité d'action de l'Onu sont fonction de la délégation de pouvoir de « nous les peuples... » – les États membres –, et son autorité s'incarne dans les pouvoirs de l'Assemblée générale et du Conseil de sécurité.

Cette idée est au cœur de la réforme du Conseil de sécurité envisagée par le Groupe de personnalités de haut niveau sur les menaces, les défis et le changement – qui propose de concrétiser les droits d'un nouvel ensemble de principaux et leurs revendications sur l'autorité du Conseil. Elle détermine aussi la démarche néoclassique des « démocratiseurs », qui préconisent la création d'un système d'institutions internationales plus démocratiques en faisant élire au suffrage indirect par les Parlements nationaux, ou même au suffrage direct par toute la population, les délégués au Parlement européen ou à une Assemblée générale démocratique. Ce sont ici les principaux (les électeurs) des principaux (les États) qui cherchent à accroître leur contrôle.

Les limites majeures de l'approche principal-agent sont, d'abord, le danger de voir les agents rompre les amarres, en d'autres termes, voir les institutions internationales échapper au contrôle des principaux. Ce risque trouve sa caricature dans les réactions paranoïaques à la menace supposée des « hélicoptères noirs » de l'Onu que certains esprits crédules pensent sur le point de fondre sur les États-Unis. Une deuxième menace, plus sérieuse, est le risque de blocage de la gouvernance. Ici les principaux, les États, et leurs agents, les institutions internationales, contrôlent les résultats du système par des structures de surveillance qui écartent les solutions aux véritables problèmes mondiaux. Les vetos, les majorités achetées font barrage aux efforts authentiques pour régler les problèmes du monde. Seuls sont servis les intérêts étroits des États et de leurs agents bureaucratiques : ce sont les problèmes bien connus du veto au Conseil de sécurité, de la situation bloquée par l'intransigeance du G77 à l'Assemblée générale et du vote pondéré à la Banque mondiale et au FMI.

La gouvernance en réseau. C'est un système tout à fait différent. La légitimité et la capacité ne sont plus définies et contrôlées par des principaux dans le cadre d'une délégation de pouvoir, mais dispersées et décentralisées. La légitimité de la gouvernance résulte des valeurs partagées dans une « communauté internationale » attachée à la paix, aux droits humains, à la durabilité environnementale, à l'éradication de la pauvreté.

Les agents sont les multiples acteurs de réseaux composés de petits responsables publics, de parlementaires, de juges et de spécialistes travaillant pour les ONG ou le secteur privé. Ils abordent les problèmes en privilégiant les solutions pratiques. Problèmes que ces « coalitions de volontaires » prennent en charge de leur propre chef par la mise en œuvre des valeurs partagées. États, institutions intergouvernementales, institutions régionales, compagnies multinationales, société civile transnationale, ONG, mouvements populaires : chacun apporte au réseau des capacités autonomes et distinctes pour le dialogue et pour l'action. Parmi les récents succès de ce modèle de gouvernance, on peut citer la campagne sur les mines terrestres qui a conduit à la Convention d'Ottawa ; les initiatives de responsabilité sociale d'entreprise comme le Pacte mondial de l'Onu et certains partenariats public-privé (Gavi, fondation Gates, processus de Kimberley – voir le rapport Cardoso et Anne-Marie Slaughter, *The New World Order*). À la différence du modèle principal-agent, la surveillance est également dispersée. Elle ne s'effectue pas par délégation d'autorité et de compétences mais par la transparence et l'action d'agents dispersés, et se mesure collectivement au degré auquel les valeurs et les objectifs partagés sont atteints.

Ce modèle n'est pas entièrement déconnecté de l'approche traditionnelle principal-agent. Les Objectifs du Millénaire, par exemple, auxquels ont souscrit les 191 États membres de l'Onu, offrent un repère influent à la société civile mondiale dont le soutien et l'activité sont spécifiquement mis à contribution. Les réseaux peuvent être efficaces – notamment quand l'approche traditionnelle principal-agent est bloquée. Mais eux aussi ont leurs défauts caractéristiques : à qui doit-on rendre des comptes et de quoi ? Les valeurs sont-elles authentiquement partagées ou imposées par une élite mondiale ? Si elles sont partagées, lesquelles sont prioritaires et qui décide de l'ordre de priorité ? Par qui doivent-elles être mises en œuvre et comment ?

Il existe aujourd'hui une tension naturelle entre les deux modes de gouvernance. Nous pouvons dire que le monde serait meilleur avec les deux, mais qu'ils s'opposeront fortement. Une partie de l'activité des réseaux paraîtra illégitime aux principaux traditionnels – les États nations. La surveillance et le contrôle exercés par ces principaux seront perçus comme des monopoles abêtissants par les jeunes réseaux de militants engagés. Il y aura aussi, néanmoins, des complémentarités positives. Quelle que puisse être l'importance du système traditionnel États-institutions intergouvernementales pour la responsabilité, l'autorité et la compétence, c'est un piètre producteur de solutions nouvelles et imaginatives, qui viennent souvent des réseaux.

Conclusion

En résumé, nous n'avons aucune recette instantanée pour régler l'ensemble considérable d'échecs de la gouvernance mondiale auquel nous sommes confrontés aujourd'hui. Ces crises ne sont pas simplement techniques, elles sont profondément politiques. Le cadre actuel de la gouvernance mondiale constitue tout autant le problème que la solution. L'une des tâches importantes qui nous attendent sera de conjuguer l'ingéniosité des réseaux à l'autorité des États et de leurs agents, les institutions intergouvernementales. Il faudra puiser les réponses dans des disciplines intellectuelles nombreuses et diversifiées, mais aussi dans le *leadership* politique qu'exerceront des dirigeants mobilisateurs, soutenus par des institutions plus efficaces et par une opinion publique qui aura mieux compris que nous vivons dans un monde dans lequel les problèmes humains ne sont pas toujours attachés à un passeport national.

Traduit de l'anglais (américain)
par Paul Chemla

Donc, je résume… !

Stéphane Hessel

Il n'y a plus de temps à perdre. Les défis auxquels nous devons faire face dans l'immédiat sont connus, repérés et décrits. Les responsables sont ceux qui détiennent le pouvoir politique et ceux qui détiennent le pouvoir financier. Ce ne sont pas les mêmes. Les premiers n'ont pas appris à soumettre les seconds.

Nous savons aussi que les défis sont interdépendants, aussi bien géographiquement que thématiquement. Ils ne concernent pas un pays, même le plus puissant, ni même une région aussi riche qu'elle soit, mais dans leur complexité, la planète tout entière. Le défi de la misère face à la richesse scandaleuse de quelques-uns, le défi de la surexploitation des ressources de notre Terre, et enfin le défi de la haine des uns et de la violence des autres doivent être abolis ensemble. C'est pourquoi il nous faut mettre en place un programme de réformes radicales autour duquel toutes les cultures et les civilisations conjuguent leurs efforts.

Le Collegium international éthique scientifique et politique s'attèle à cette mission depuis maintenant dix ans. Il s'efforce de faire dialoguer entre eux, se répondre, s'écouter, d'anciens chefs d'États ou membres de gouvernement et des gens qui ont mené une réflexion individuelle forte sur les grands problèmes de l'économie, de la science, du devenir de l'humanité. Quand ils se rencontrent, ils doivent avoir un objectif commun qui est le bien de l'humanité… Attention, cette tâche est ardue mais elle est indispensable. Si on a un autre objectif, cela ne vaut rien. Il faut avoir cet objectif-là et si ces gens réunissent leurs expériences pour essayer d'élaborer la façon dont on peut l'atteindre, ils montreront la voie à suivre.

Leçon de la mondialisation par excellence, aucun État n'est aujourd'hui en mesure de faire respecter un ordre mondial et d'imposer les indispensables régulations globales. Il faut donc travailler avec des modèles d'organisation alternatifs à l'hégémonie. Prix Nobel ou pas, le président des États-Unis n'est plus aujourd'hui l'homme le plus puissant de la planète. La fin du rêve impérial américain, ensablé entre Bagdad et Kaboul, fait écho à la dislocation de l'empire soviétique, il y a une vingtaine d'années déjà. Après plus de trois siècles sous le régime westphalien de l'absolutisme des États nations, une autre ère s'ouvre dans les relations entre peuples, bousculant le réflexe national sur lequel reposent encore nos cultures politiques modernes.

Catastrophe écologique, récession économique, famines et pénuries, pandémies virales, instabilité politique, menaces terroriste et nucléaire… Il nous faut des réponses mondiales aux problèmes mondiaux. Devant ces crises planétaires, nous devons absolument prendre conscience de notre interdépendance. C'est la survie de l'humanité qui est en jeu ! Et cette survie passe par l'instauration d'une gouvernance mondiale digne de ce nom – pour sortir de la cacophonie décourageante qu'on a malheureusement pu constater à maintes occasions récentes. Car quels que soient les espoirs suscités par la mise en place d'un G20 ou par les gesticulations enthousiastes du président français, il n'y a, à l'heure actuelle, aucune gouvernance mondiale. Certes, des éléments de régulation internationale et quelques institutions agissent à l'échelle globale, mais la gouvernance mondiale, c'est bien plus : c'est la capacité de s'élever au-delà des marchandages entre intérêts nationaux pour prendre des décisions politiques planétaires – au nom de l'humanité.

Hélas ! aujourd'hui, malgré quelques frémissements, la nécessité vitale de ce type de gouvernance n'est pas encore comprise. Les intérêts nationaux, autant dire « les égoïsmes », prévalent encore, transformant chaque rencontre internationale en séance de marchandages sordides. Que ce soit en matière de lutte contre le climat, sur les questions énergétiques, la sécurité collective ou le commerce international, l'incapacité à s'élever au niveau des enjeux est patente. Tous ces échecs sont évidemment connectés et il est impensable de les considérer séparément : dans ce genre de jeu à somme nulle, chaque concession est vécue comme une défaite. Cette myopie persistante des acteurs étatiques est la marque d'un terrible échec politique.

Ne nous y trompons pas, ce que révèle, par exemple, l'incapacité des marchés intégrés à prendre en compte les externalités négatives de l'économie mondialisée, ce sont les limites flagrantes d'un système international purement étatique. Plus que jamais, les défis planétaires du XXIe siècle viennent remettre en question la notion de souveraineté étatique et son expression internationale : l'intergouvernementalisme. L'intervention croissante d'acteurs non-étatiques (firmes multinationales, réseaux criminels, terroristes ou mafieux, organisations transnationales) a, depuis quelques décennies complètement bouleversé le jeu traditionnel de l'équilibre des puissances. Portant une vision alternative de l'intérêt général, parfois en opposition avec celle que sont censés incarner les États, certaines grandes ONG incarnent même, au niveau global, une nouvelle forme de représentation citoyenne. À l'heure où se joue notre avenir à tous, il est temps d'intéresser les peuples du monde au façonnement de leur propre destin, en tant qu'humanité.

Ainsi, la réforme en profondeur du seul embryon de gouvernance mondiale existant aujourd'hui, l'Onu, semble indispensable. De la Déclaration universelle des droits de l'homme à la proclamation des Objectifs du millénium ou de la Sécurité humaine, les valeurs qui l'inspirent n'ont jamais eu meilleure pertinence. Il ne s'agit pas uniquement de réformer le Conseil de sécurité des Nations unies, même si c'est nécessaire. Il s'agit d'approfondir, la représentativité, la responsabilité et la légitimité de tous ses organes. Après soixante ans de relative hibernation à l'ombre glaçante d'empires totalitaires ou de démocraties impériales, son action peut enfin devenir efficace et contribuer à l'émergence d'une gouvernance politique mondiale.

Mais quoique indispensable, la réforme de cette formidable institution ne suffira pas. Car toute la problématique est de parvenir à dépasser l'intergouvernementalisme. Bien sûr, les États restent légitimes pour représenter leurs peuples, cependant l'heure n'est plus à la souveraineté nationale, mais à la souveraineté mondiale. Au moment où se dessinent les contours d'une véritable société-monde, c'est une double légitimité que nous devons construire : celle de la règle de droit comme principe d'organisation, et celle d'un système d'organes capable de catalyser des décisions politiques planétaires – au nom de l'homme.

Nous en appelons à fonder cette « communauté mondiale » dont il est temps de préciser enfin la stratégie opérationnelle sur des valeurs inaliénables, comme celles qui figurent dans le Préambule de la Charte des Nations unies. Elle ne peut pas demeurer cette entité vague dénuée d'incarnation politique et juridique et trop souvent méconnue comme une forme déguisée de passé colonial.

Légitimité et représentativité des acteurs non-étatiques, souveraineté de l'humanité, régulations internationales, droit universel... : le chantier de la gouvernance mondiale se prête aujourd'hui plus que jamais à une réflexion existentielle profonde et urgente.

Pour finir, voici une pensée qui m'est très chère, celle de Maria Rainer Rilke, qui nous dit : « Nous sommes des abeilles qui butinons le visible pour lui donner toute sa force dans l'invisible. »

Mireille Delmas-Marty : juriste et professeur au Collège de France.

Michael W. Doyle : professeur des Affaires internationales à l'université de Columbia. Anciennement sous-secrétaire général des Nations unies, il est actuellement président du fond de l'Onu pour la démocratie.

Stéphane Hessel : diplomate français, co-fondateur du Collegium international.

Bernard Miyet : diplomate français, ancien secrétaire général adjoint de l'Onu.

Edgar Morin : sociologue et philosophe français.

René Passet : économiste, professeur émérite à l'université Paris1-Panthéon-Sorbonne.

Michel Rocard : ancien Premier ministre de la France, sénateur, député européen, président du Collegium international.

Peter Sloterdijk : philosophe allemand, professeur et recteur de l'université des arts et design de Karlsruhe.

Sacha Goldman : producteur, secrétaire général du Collegium interwnational.

Table des matières

Composition et mise en page

NORD COMPO
multimédia

Achevé d'imprimer en mars 2012
par Normandie Roto Impression s.a.s. à Lonrai

Dépôt légal : avril 2012
N° d'impression : 121163
Imprimé en France